前　言

信息，不确定性的解；

思维，有序的思考；

博弈，交互式决策。

（一）

信息、思维、博弈，是我们现今社会很时髦、高频度出现的三个词，无处不在、无时不在。譬如，信息时代、信息技术、信息力、信息人……；思维方式、系统思维、逆向思维、换位思维、思维力……；大国博弈、身边博弈、信息博弈、博弈思维……，各种关于信息、思维、博弈的理论研究也层出不穷。

"无处不信息，无时不信息。"

信息、物质和能量是我们人类赖以生存和发展的三大基石，没有信息，我们就不能认识世界、改造世界。

"万物皆比特"，世界上的万事万物皆可以用信息比特流来描述。信息的力量到底有多大？可借用科幻作品中的一句话来描述："世界万物皆由集结的信息构成，借由改变这些信息排序可以操纵时间、空间及现实中的一切。"

"无处不思维，无时不思维。"

人是"有思维能力的"。任何时间、任何地点，不管我们是学知识，还是进行博弈，或者是起念有想法，都是在思维（有序的思考）。

著名军事家、政治家拿破仑认为："世界上只有两种强大的力量，那就是刀枪和思想，而从长远来看，刀枪总是被思想所战胜。"

思想是思维的结果，不同的思维方式催生不同的思想。我们身上所发生的一切变化，都是思维方式改变带来的结果。我们与他人之间的差异，看似在学识上、金钱上，实则根源是在思维上。思想与思维的关系类似于"鱼"与

"渔"，重要的不是给予思想，而是给予思维！

"无处不博弈，无时不博弈。"

博弈作为争取利益最大化的交互式决策，始终与人类的发展相伴随。 我们所面临的所有问题都可以视为"博弈"。

复杂人际关系、地球环境问题、良好或恶劣的社会局面、家庭纠纷以及各种竞争与对抗等，都是一场场博弈、一场场互动决策。 形象地说，决策就是一切，我们的人生就是我们所有决策的总和。

诺贝尔经济学奖得主保罗·萨缪尔森认为："要想在现代社会做一个有文化的人，就必须对博弈论有一个大致了解。"

人生如棋局，事事皆博弈。 在博弈思维层面，我们要牢固树立 **"博弈总是可以被我们改变的"** 的意识，从而使博弈结果有利于我们。

信息、思维、博弈对于我们自身的重要性远远超越我们分析和理解的范畴。

（二）

信息通信领域，有个经典理论叫"信息论"。

信息论，从 0 到 1 开创了信息时代，是信息时代的"基本法"。 它揭示了信息传输的基本规律和能力，描述了信息科学的本质。

信息论创始人克劳德·香农定义了三个基本概念：**信息熵、信道容量、信息率失真函数**，这三个值都存在临界值；他还提出了三个极限定理：**无失真信源编码定理、有噪信道编码定理、限失真信源编码定理**，这三个定理都是存在性定理。 这三个基本概念和三个极限定理构建起信息论的基本理论框架体系。

信息论对于不确定性的描述，以及将整个世界置于不确定性之上来考虑的思维，是信息时代最根本的世界观和方法论。

经济学领域，有个经典理论叫"博弈论"。

博弈论是研究我们在不同的信息条件下，如何进行互动决策，以达到稳定状态的科学理论和方法。

博弈论是帮助我们制定策略组合的思维工具，把复杂的问题简单化，主要研究在合作、竞争、对抗的互动决策中，我们如何客观审视自己的得与失，做出正确的最佳的决策。

博弈论为我们日常生活和工作中的互动决策提供了一个智慧的分析框架，打开了一扇思维的新窗户，出奇制胜，有利于我们博弈收益的最大化。

"信息论"和"博弈论"不是完全无关联的，它们之间的底层逻辑关系密切。"没有信息就不能交互式决策。"信息是决策的前提，不同的信息及不同的信息量直接影响决策结果，而且信息完全与否也影响决策质量。 信息的传输也是一种博弈，这是信息的发信者和收信者各自为了从对方那里获取最多信息而进行的一种博弈。 这种博弈同样也存在"纳什均衡"，此时信息的发信者和收信者各自从对方那里所获得的信息量值相等，这个值就是信息论中的"信道容量"。

（三）

伟大科学家牛顿曾说："复杂的问题简单化，发现新规律；简单的问题复杂化，发现新领域。"

把信息、思维、博弈这三个词放在一起融合探究，就是在深入理解信息概念和信息度量的基础上，化繁为简，从信息的维度来分析、解读博弈的规则、博弈的思维方式，创新性研讨互动决策和信息的运用。

这使得我们面对任何博弈问题都能把握博弈的结构（问题的全貌），预测将要发生的事件，找到切实可行的博弈策略，做到"当局者清、旁观者更清"；就能善用博弈规则的确定性来应对博弈结果的不确定性，**"俯瞰式思考、立足于未来决策、理解他人而行动"**，从空间、时间、他人三个维度进行立体式的理性思考、决策和行动，使我们逐渐成为现实中的佼佼者。

哲学家辨喜认为："最伟大的东西往往是世界上最简单的东西，它和你我存在一样简单。"

大道至简，著者严格遵守**"如无必要，勿增实体"**的"奥卡姆剃刀法则"，力求用简单、通俗易懂的语言把信息、思维、博弈这三个抽象、晦涩难懂的词表达清楚；力求每个章节都有那么几句话能拨动我们头脑中的那根弦，引起共鸣，有所启迪，让拥有博弈信息、博弈思维的我们更好地掌控博弈，改变未来。

我们人类的知识可以划分为"道"和"术"两个层面。本书有"术"层面的知识（那些我们可以驱动和支配的知识），更有"道"层面的知识（那些驱动和支配着我们的知识）；它凝练了信息论和博弈论的精华，并把这些核心内容努力上升到世界观和方法论的层次，这可能对本书的阅读者有所启发。

希望"这是一本让我们长知识、拓认知、能运用的好书"。

书成之日，喜得著名书法家、瀚海控股集团董事长王汉光博士为本书题写书名，甚为感谢。

朱诗兵

2023 年 3 月

目　　录

信息的理解

信息是事物运动状态或存在方式的不确定性的描述。

——信息论的创始人克劳德·香农

信息、物质和能量是人类赖以生存和发展的三大基石，是现代社会的三大基本概念。我们每个人的生存与发展都离不开物质和能量，同样也离不开信息。

概念是思想的浓缩，是研究问题的逻辑起点。信息概念，是我们人类大脑创造出来的最伟大的思想之一，但相比于物质和能量概念，信息概念依然较为模糊。

"什么是信息？"如此简单的一个问题却并不好回答，因为它涉及信息的本质，所以答案也是多种多样的。

"信息是事物运动状态或存在方式的不确定性的描述。""信息就是信息，既不是物质，也不是能量。""信息是提供决策的有效数据。"……"消息映射成信号，信号在通信系统里传输，信号运载着消息，消息包含着信息。"

信息确确实实在塑造着我们的世界。没有信息，我们就不可能掌握并积累知识，认识世界；没有信息，我们更不可能创新并运用知识，改造世界。

两个哲学故事：知道、控制与信息

《庄子观鱼》的哲学故事，我们都很熟悉。 哲学家庄子不愿在朝为官，遂隐居山林著书立说。 一天，庄子的好朋友惠子来看望他。 好朋友来了，庄子热情招待，酒足饭饱之后，庄子和惠子就到河边去散步。 当庄子看到鱼在水里游得自由自在时，就说："你看鱼是多么快乐啊！"惠子是个思辨家，他反应很快，立马反驳说："你又不是鱼，你怎么知道鱼是否快乐呢？"

若当时我们也在现场，是不是也会被惠子的反驳问得一愣呢？

庄子沉思了一会儿又说："你又不是我，你怎么知道我不知道鱼是否快乐呢？"

第一次看到或听到这个故事时，我们每个人都会有不同的感想。 不管感想如何，我们都会觉得庄子和惠子这两个思辨家的反应都超快。 但是，现在从信息的维度来看，这个哲学故事中包含了两个非常重要的问题：

> ➤ "什么是知道？"

> ➤ "怎样才能知道？"

在我们的日常生活和工作中，可以说没有哪一个重要的概念像"知道"这样被我们所忽视。 常常听人说知道这个、知道那个，却很难也很少听到有人问起什么是知道。 若有人告诉我们，今天上午 10 点在礼堂开大会，我们会说"知道了"，但是再追问一下：我们到底知道什么呢？

知道，就是我们对事物的不确定性空间的了解程度发生变化的过程。 这里的"事物"泛指存在于人类社会、思维活动和自然界中的一切可能的对象；事物的不确定性空间就是该事物发展变化中存在的各种可能性集合。

知道，就是我们对事物的不确定性空间的了解程度发生变化的过程。

在现实中，我们是如何"知道"的呢？ 譬如"我看见课桌上放着一本书"，"我收到一条微信，爸妈明天到京"，以及"天气预报说，明天要下雪"……这都是我们"知道"的过程。 获得这些消息后，对这些事件的不确定性空间的了解就相对多了一些。 但是，若天气预报说："明天可能下雪，也可能不下雪。"那么对于我们来说，预报还是不预报其实是一样的，因为这样的预报没有帮助我们消除任何不确定性，也没有告诉我们任何信息，我们原来就知道明天的天气变化无非就是"下雪"或"不下雪"这两种可能，也就是说对"明天是否下雪"的不确定性空间的了解程度没有任何变化。

在没有查看课桌之前，我们对于课桌上放了什么东西的可能性猜测有很多，可以是电脑、书、签字笔、作业本、文具盒……但是，在我们查看了课桌以后，我们所知道的课桌上放了些什么东西的不确定性空间就变小了。

事物不确定性空间的变化，一般都是变小的。 但是，也有专家说，事物不确定性空间存在变大的特殊情形。 譬如，一般时候我们脑海中的事物不确定性空间是没有"某地发生地震"这样一个事件的，现在有人告诉我们，明天某地可能有地震，那么这个不确定性空间就变大了。 实际上，当我们无法穷尽事物发展变化的各种可能事件时，可单设一个"其他"事件，其概率大小可以从所有能预测到的事件中匀出一个很小很小的值，分配给所有没有预测到的事件，即这个"其他"事件。 这样，**事物不确定性空间的变化就都是变小的。**

任何事物都有自己一定的不确定性空间，但事物的发展能成为不确定性空间中的哪一种状态，就要依据事物自身条件而定。

当事物发展到某一状态后，又会面临着新的不确定性空间，也就是说不确定性空间是动态的，是变化的。 可以说，一个事物发展过程中的不确定性空间就像大树的树干一样，不停地会有新的树枝生长出来，持续展开，始终保持不确定性，最终形成无数种可能性。

事物不确定性空间只要变小，不确定性就会相应消除，我们就获得了信息。

我们获得信息的过程，就是"知道"。 而怎样才能"知道"，就是怎样获得信息、怎样传递信息的过程。

知道，就是获得信息的过程。

怎样才能知道，就是怎样获得信息、怎样传递信息的过程。

不确定性消除，就获得了信息；信息是不确定性的解。

原先的不确定性消除得越多，获得的信息就越多。 若原先的不确定性全部消除了，就获得了全部的信息；若消除了部分不确定性，就获得了部分信息；若原先的不确定性没有任何消除，就没有获得任何信息。

事物不确定性空间变化的传递，就是信息传递。

信息传递离不开控制，控制也离不开信息传递。 信息传递和实施控制的过程都贯穿着事物不确定性空间的变化，这二者之间存在着一定的约束关系。 在现实中，我们难以实现有效的控制，其根本原因就是我们没有获得足够的信息。

若要实行有效的控制，就需要获得足够量的信息，这是一条重要的基本原理。

对这个原理，我国古代哲学家已有所思考。 著名典籍《列子》中《纪昌学射》的哲学故事就阐明了该基本原理。 纪昌向神箭手飞卫学箭，师父飞卫对他说："你要学好箭，先要下功夫练好眼力。 要牢牢地盯住一个目标，不能眨一下眼。"纪昌回家之后，就开始认真练习起来。 他妻子织布的时候，他就躺在织布机底下睁大眼睛，注视着来来去去的梭子。 这样训练了两年，纪昌能做到眼睛盯住梭子一眨都不眨了。 但师父飞卫接着说："你还要多练练眼力，做到把极小的东西看成一件老大的东西，到那时候你再来见我。"纪昌记住师父飞卫的话，他用一根长毛发，缚了一只虱子，吊在窗口，每天站在那里，一心一意地注视着那只虱子。 练到后来，那只虱子在他眼睛里一天天大了起来，大得像车轮一样。 纪昌再去见师父飞卫，飞卫很高兴地拍着他的肩膀说："你已经成功了！"于是飞卫再教他怎样拉弓、怎样放箭。 很快，纪昌就成为百发百中的神箭手。

《纪昌学射》的故事一向被我们解释成勤学苦练才能学好本领。 有人也许会问：勤学苦练射箭本领，只需每天练习拉弓放箭就行了，为什么要如此超大强度练习眼力呢？ 这里，列子的核心意思是要阐明眼力和箭法的关系。 从信息的角度来理解，就是只有（靠眼力）获得关于目标的足够信息，才能更好地对目标进行控制。

若要实行有效控制，就需要获得足够量的信息，这是一条重要的基本原理。

信息和控制的相互依存关系正反映了我们常说的"知行合一"，"知"就是获得信息，"行"就是实施控制。"知"必然要表现为"行"，不"行"则不能算真"知"。"行"以"知"为基础，通过反馈、调整、迭代，从而实现有效控制。

我们只有对外部世界有所认识，获得相关信息，才能够有针对性地去改造世界；反之，我们也只有参与外部世界的改造，才能够获得关于世界的真实认知。 这深刻地揭示了"知"和"行"在本质上是统一的。

不确定性：战争与投资

对不确定性与确定性的认识，本质上是两种截然不同的世界观（对世界的基本看法和观点）。 不确定性是普遍存在的，是我们所处的这个复杂世界中唯一确定的。 确定性是我们在一定约束条件下构建起来的。 我们遵循的规律、定律、定理本身就是我们意识的构建物，它并非无条件存在的。 譬如，香农的信息论只讨论了语法信息，没有研究语义和语用信息；博弈论，首先假设所有的博弈参与者都是完全理性的人，也就是说理论的构建都是有一定的条件约束的。

统计学家科学地把不确定性分为"统计不确定性"和"认知不确定性"。已知概率大小的叫作"统计不确定性"；不知道概率大小的叫作"认知不确定性"。 前者是我们事先能想到的，而后者则是我们事先没想到的。 譬如，我们常说的"黑天鹅"事件就是认知不确定性。

认知不确定性就好比汪洋大海，我们要在认知不确定性海洋中求得生存，就必须构建一定的生存确定性。 而生存确定性的构建能力，取决于我们自身的认知能力。

随着科学技术的发展，我们的认知边界不断拓展，我们的生存确定性构建能力也持续提升。 从利用简单的、漂浮的木头筏子开始，到修建较为复杂、较为安全的小船，再到构建豪华舒适的巨轮，我们在认知不确定性海洋中构建生存确定性的能力越来越强大，但是却从未改变过外界的认知不确定性海洋。 需要警醒的是，若我们觉得自己越来越无所不知、越来越无所不能，那么面临认知不确定性海洋所带来的风险也越来越大，我们规避和处置的方法就会越来越少。

　　对不确定性与确定性的认识，本质上是两种截然不同的世界观。 不确定性，是我们所处的这个复杂世界中唯一确定的。

　　战争几乎和我们人类一样古老。 战争是政治的延续，战争是文化的体现。 可以说，我们人类有文字记载的历史基本上就是一部战争史。

　　人类战争史先后经历了冷兵器、火器、机械、信息四个时代，新技术发展进程的不断加快，冷兵器到热兵器、化学能到核能、再到人工智能武器系统登上历史舞台的三次革命，使战争形态变革周期持续缩短。

　　不管如何变革，战争始终充满迷雾，永远是不确定的。 著名军事理论家克劳塞维茨指出：“战争是充满不确定性的领域。 战争中的行动所依据的情况有3/4 好像隐藏在云雾里一样，或多或少是不确定性的。”战争具有不确定性是由战争的对抗性特点所决定的。 在对抗条件下，战争的敌我双方都在做着隐真示假的工作，敌我双方的真实意图和决策常常被深深地掩盖起来，得到的各种战争信息真真假假、相互矛盾。

　　对于战争的敌我双方来说，关键是谁能够尽量减少自己的不确定性，同时增加对手的不确定性，给自己尽可能大的确定性，把最大的不确定性给对手，这样就可以增大自己取胜的概率。

　　克劳塞维茨在他的军事理论著作《战争论》中还提到了军队的战斗力有两个核心要素：一个是可用武器装备之和，另一个是军人意志的力量，也就是武器和兵力，即

军队战斗力＝可用武器装备之和×军人意志的力量

　　战争的胜负取决于战争的哪一方能够动员和投放更多的兵力、更多的武器。 战争中，敌我双方的兵力和武器虽然很重要，但在实力相差不大的情况下，**谁能够更精确地投放武器和兵力，谁就能成为战争的获胜方。**

　　精确，就是尽可能地减少不确定性。

　　人类战争总是不断地增加空间维度，并正走向智能化和多域化。

陆、海、空、天、电、网等领域之间信息的流通，对于战斗力结构中的"信息力"有着近乎决定性的影响，便于更精确地投放兵力和武器，其在未来战争中的核心地位将日益凸显。

未来的战争将首先在太空打响，并贯穿战争的始终。 太空能力决定着一个国家的安全发展，甚至国际地位；而太空信息支援能力，关注的核心是能不能**"持续、及时、全球、精准、多维"。** 也就是说，侦察监视能否持续、预警探测能否及时、中继通信能否覆盖全球、导航时频能否精准、环境监测能否多维，这些问题的正确解决都离不开不确定性的消除。

精确，就是尽可能地减少不确定性。

谁能够更精确地投放兵力和武器，谁就能成为战争的获胜方。

商场是无硝烟的战场，以至于有人说："**战争时期，优秀的人才在战场；和平时期，优秀的人才在商场。**"

现在，我们从战争场景迁移到投资场景来看不确定性。 投资的本质就是要在不确定性当中找到确定性，做到因为相信所以看到、所以知道。

好的投资一定是超前的，是在投未来，是在投那种别人认为具有不确定性，而我们自己认为具有确定性的一个前途，那么这个时候我们的利润回报率就会非常高。

投资主要由种子期（天使投资）、初创期（风险投资）和成长期（PE 投资）三个阶段组成。 投资阶段越往后，确定性就越高，相应的投资成本也越高。

天使投资的成本相对低，但风险性极高，可是一旦成功，利润回报就远远高于黄金、债券、指数基金等稳健成熟的投资产品。 天使投资最独特的地方就是预判资本的预判先于资本抢先入场，即"先资本而动"，在投资不确定性中寻找相对确定性，领先资本一步占领山头。 **天使投资的本质，就是在投资的不确定性当中识别并抢抓确定性（机会）。**

金融大鳄索罗斯曾经针对投资发出过这样的警告："世界经济史是一部基于假象和谎言的连续剧。要想获得财富，做法就是认清假象，投入其中，然后在假象被公众认识之前退出游戏。"

投资不是一件想做就能做的事情，而是有其基本原则的。**"人并不代表一切，却是唯一的评判标准。"**一家创业公司在未来会不会成功没人能预先知道，但是我们能分析判断这家公司的创始人能不能成功。投资人要关注的不是创意，也不是市场，而是创业公司的创始人本身。多维度了解、深层次分析那些创业公司的创始人"正在做什么？""为什么要做这个项目？""为什么是现在？""有哪些特别的优势？"等信息，从而筛选出大概率能够成功的创业公司，然后给予相应规模的投资。

著名企业家与风险资本家彼得·泰尔说："作为一个投资人，你永远在找那个别人没有看到的闪光点，所以我一直会问的问题是，有什么是我们了解而其他人都看不到的呢？如果我们无法回答这个问题的话，就好像在一个扑克牌桌上，你会想弄清楚谁是桌子上最笨的那个人，而如果你无法弄清楚这个问题的话，那么极有可能最笨的那个人就是你自己。所以对我来说，如果无法回答这个问题，那么极有可能这个投资本身是个糟糕的主意。"显然，这就是要在不确定性当中找到部分或全部确定性。优秀的投资人总是以原则的确定性来应对和把握投资结果的不确定性。

对冲基金公司桥水的创始人瑞·达利欧认为，桥水的成功源自奉行以**"极度求真""极度透明"**为基石的原则，用绝对理性的态度认识世界，**做有意义的工作、发展有意义的人际关系**；坚守**"优秀想法至上""可信度加权"**的原则进行决策，这既保证了决策过程的公平民主，又保证了最后的决策结果的科学性和可行性，实现最终决策的高质量和最优化。

高瓴资本的创始人张磊说："在长期主义之路上，与伟大格局观者同行，做时间的朋友。"着眼长期，坚持价值投资理念，以研究驱动发现价值、创造价值，坚守**"守正用奇；弱水三千、但取一瓢；桃李不言、下自成蹊"**的投资原则。

优秀的投资人都是以原则的确定性来应对和把握投资结果的不确定性。

未来总会有各种各样的不确定性，一切能带来利润的生意都具有不确定性。

大名鼎鼎的芝加哥经济学派的创始人弗兰克·奈特认为**"企业的利润来自不确定性"**。搞定不确定性、进行风险决策，这是企业家该干的事，也是企业利润所在。企业要想获得利润，企业家就必须知道做什么、和谁一起做、什么时候做，并承担其风险后果。

企业家高明的、正确的决策比低效的勤奋更重要、更值钱。优秀的企业家都善用决策力赚钱，而不是用时间赚钱。许多顶级优秀企业家（如巴菲特）会用一年消除不确定性、斟酌决策，然后用一天采取行动，而一天的行动可以影响未来几十年。

反过来想，若是没有不确定性，企业家的决策就仅仅是一个数据计算，只要不犯计算错误就行。正是有了企业发展的这些不确定性，那些眼光长远、嗅觉敏锐，具有企业家精神且善于从不确定性中抓住确定性的企业家，往往能在市场的激烈博弈中胜出，从而为企业带来丰厚的利润回报。

现实中的所有事情都是类似的，若我们着眼长远、勇于承担，愿意做出短期的牺牲，不计较当下的得失，则会得到长期的好处。

不管是在哪个领域辛勤耕耘，我们在面对不确定性的时候，都要善于应用规则（原则）、理性思考、拥抱变化，知道自己行为的长期后果，用规则（原则）的确定性来应对结果的不确定性，就能在最大限度上得到我们想要的结果。

信息技术史上具有里程碑意义的一年：1948 年

若有人问："我们现在处于一个什么时代？"我们肯定会毫不犹豫地说"信息时代"。

又若继续问："信息时代最显著的特征是什么？"也许我们会说"计算机""互联网""大数据""云计算""无线通信""信息大爆炸"等时髦的高频词。 这些都没有错，但这些都是表象。

其实，信息时代的最显著特征是不确定性。

信息时代的最显著特征是不确定性。

我们该如何面对和应对不确定性呢？

20 世纪初，概率论和统计学的成熟，使我们得以面对、把握不确定性。 1948 年，年仅 32 岁的克劳德·香农博士找到了不确定性和信息的关系，为我们找到了应对不确定性的方法，也就是**利用信息消除不确定性**。 在随后的近一个世纪，这都是我们应对不确定性世界的最重要方法论。

如何面对和应对不确定性？ 利用信息消除不确定性。

1948 年，注定是人类历史上不同寻常的一个时间节点。 这一年，"现代信息技术摇篮"贝尔实验室对外宣布他们发明了一种小型电子半导体，它小巧玲珑、出奇的简单，一个巴掌放得下上百个，而且能以更高的效率完成真空管能做的任何事。 为此，贝尔实验室专门成立了一个委员会来为它命名——"晶体管"。

当时的宣传报道说**"它可能将对电子和电信行业产生意义深远的影响"**，事实证明，晶体管的发明开启了电子产业的革命，为电子元器件的微型化、广泛普及应用开辟了道路。 1956 年，三位主要发明人获得了诺贝尔物理学奖。

对于贝尔实验室而言，晶体管的发明可以说是皇冠上的明珠，但是细究 1948 年所发生的重大科学进展，晶体管的发明只能屈居其次，因为它还只是这场信息革命的硬件部分。

比晶体管的发明及其隆重发布意义更为深远、理论更为基础的发明，是年仅 32 岁的香农独自一人撰写的一篇对我们人类影响深远的通信理论论文。 这篇专题论文连载于贝尔实验室出版的《贝尔系统技术期刊》7 月和 10 月这两期上，共 79 页。 这篇专题论文的题目既简单又宏大：**《通信的数学理论》**，蕴含的内容难以用三言两语阐述清楚，但对于通信系统所涉及的全部信息理论问题却都给出了明确的解决思路，提供了重要的研究结果，包括：信息的定义、信息的度量与信道传输能力的理论，以及信息传输的可靠性、有效性和安全性理论。

香农发现了信息的本质（消除不确定性），找到了信息度量的方式，并提出了改进信息传输的方法。 他的这篇专题论文就是个支点，整个地球、各个学科领域都因此而被撬动，它**"从 0 到 1 开创了信息时代"**。

和晶体管一样，这项伟大发明也引出了一个新词：比特。 这个名称没有经过什么专业委员会的专门命名和投票，而是由香农自行选定的。 现在，比特已经成为信息测量的基本单位。

在香农提出信息论之前，虽然我们已经有了电报、电话、无线电、电视机以及机械计算机等信息技术成就，但是并不了解信息的本质和规律，那时候的成功是在黑暗中摸索出来的，有很大的偶然性。

在香农提出信息论之后，从信息的维度来看，整个世界为之一变。 香农用"熵"的概念以及三个十分简洁的信源、信道编码定理，描述了信息科学的本质，使得我们从信息自发的时代进入信息自觉的时代。

　　自发，是未经有意识地思考的，属于"不知不觉"的动作，强调客观实在性。

　　自觉，是经过思考的，属于"先知先觉"或"后知后觉"，强调主体本身的主观能动性，是我们有意识地认识世界的意识行为。

　　在人类科学史上，香农是与牛顿、爱因斯坦相提并论的天才式人物。甚至有学者说，爱因斯坦虽然开创了相对论，却没有把我们带入相对论的时代；香农开创了信息论，并把我们带入了信息时代。可以说，香农对我们的影响比爱因斯坦更实际。

　　香农信息论诞生后，信息科学、信息工程的发展在其指导下，再也没有犯过方向性的错误，也没有走太多的弯路。移动通信从 1G 到 5G/6G 的发展，就是信息通信工程师按照香农第二定理（有噪信道编码定理）指出的方向，即**信息传输速率小于或等于信道容量才能实现无差错传输**，根据各个时代所能采用的信息通信技术，对信息编码技术和信息传输技术进行迭代改进、性能提升，从而持续努力逼近香农极限。

　　自从香农进入了密码这个领域，加密和解密就从一项专门技术变成了一门真正的科学，拥有了理论基础。第二次世界大战之后，灾难性的密码破译事件再也没有发生过，这在很大程度上要归功于香农指出了信息加密的本质，即噪声信道的通信问题。现在出现的各种失泄密事件，基本上都是人为的。可以说，**从 1948 年到今天，是一个信息科技发展的自觉时代**。

　　无论是大数据、移动互联网、人工智能等新趋势，还是我们日常生活和工作中所使用的一切现代通信工具和通信方式，如电话、电脑、复印机、传真机、网络、手机等，本质上都是在传输数据，这背后的很多基本原理都可以追溯到香农 1948 年发表的那篇开创性专题论文，都是香农信息论的应用成果。

　　香农信息论从诞生之日起就得到了极高的评价。它是信息时代的"基本法"，说它"开创信息时代"是名副其实的。

"无论在和平时期还是在战争年代，人类的技术进步将更多取决于信息论富有成效的广泛应用，而不是建立在爱因斯坦著名的相对论公式之上的炸弹或发电厂等物理演示，这种观点绝对不是言过其实。"这是 70 多年前人们的评价，而在今天似乎更见其正确性。

自 1948 年香农创立信息论以来的 70 多年时间里，人类社会异常迅速地进入了信息时代。香农信息论实实在在地改变了我们的日常生活。我们身边的各类电子设备背后的工作机理都是香农信息论这门基础性的科学。为此，信息领域设了一个最高奖，就叫"香农奖"，以此纪念香农在信息理论领域持续而深远的贡献，这相当于基础科学界的诺贝尔奖和计算机学界的图灵奖。

《通信的数学理论》这篇基础理论论文，是个支点，整个地球、各个学科领域都因此而被撬动，它从 0 到 1 开创了信息时代。

1948 年，划时代的经典著作《控制论》也诞生了，奠定了著名数学家诺伯特·维纳控制论之父的地位。

维纳，一位 15 岁就大学毕业的天才少年，18 岁就在哈佛大学获得了数理逻辑博士学位。控制论，作为一个新创词、一个日后高频词、一块全新研究领域、一场哲学运动，是由维纳这位聪明过人又锋芒毕露的思想家，凭一己之力构想出来的。

维纳突破了牛顿的绝对时间观，认为事物发展的过程不能简单拆解成一个个独立的因果关系。维纳控制论的本质是：**任何系统在外界环境刺激（输入）下必然会做出反应（输出），然后反过来影响系统本身。**

维纳的控制论意在整合对通信和控制的研究，乃至对人类和机器的研究。维纳把控制和通信统一起来处理，把信息作为研究控制和通信过程的关键因素；用统一的数学观点讨论了通信、计算机和人类意识活动，用时间序列观点处理信息的转换、提取、加工和预测，用统计方法研究信息的传递和加工。维纳指出，为维持一个系统的稳定，或者对系统进行优化，可以将系统对刺激的反应再反馈回系统中，这可以让系统产生一个自我调节的机制，即在所有生命系统的运行过程（状态行为）中，都包含着控制链：

控制链＝反馈＋微调＋迭代

控制链反馈的其实是信息；微调的对象也可仅限于信息。

维纳和他的《控制论》揭示了机器中的通信和控制机能，以及我们人类的神经、感觉机能的共同规律，为人类科技发展、研究提供了崭新的科学方法，是我们取之不尽的思想源泉，其思想和方法几乎渗透到了所有的自然科学和社会科学领域，且它在各个领域中的运用都取得了辉煌的成果。 在当今这个时代，要"轻预测，重反应"，因其背后的科学原理就是控制论。

系统的稳定或优化＝及时反馈＋精准微调＋高频度迭代

1948 年，奥地利生物学家路德维希·冯·贝塔朗菲出版的《生命问题》一书，标志着一般系统论的问世。

贝塔朗菲和他的《生命问题》总结了 20 世纪上半叶的生物学实验成果和思想成果，提出了超越机械论与活力论生命观的机体论生命观，其基本原理是整体原理、动态原理和自主原理。 贝塔朗菲认为有机体是遵循系统规律的，它是一个独特的组织系统，具有自我调整和主动适应能力。

贝塔朗菲认为，对于一个有生命的系统，其功能并不等于每一个局部功能的总和，或者说将每一个局部研究清楚了，不等于把整个系统研究清楚了。 为此，贝塔朗菲创立了适用于自然科学和社会科学等各学科领域，并且富有世界观意义的"一般系统论"。

虽然系统论最初源于对生物系统的研究，但是它适用于各种组织和整个社会。 由系统论所引起的系统管理与系统工程等高科技，使得传统的经验性社会治理方法转变为高科技的管理方法，有力地支撑了现代社会发展。

系统的整体功能大于各部分的功能之和。

---

19 世纪的唯物科学家认为：**"客观世界除了运动的物质以外什么也没有。"** 1948 年，随着信息论、控制论、系统论的诞生，原有的物质、运动的二元世界，转变成一个物质、能量和信息联合的系统的三元世界。

今天的我们已经难以通过掌握几条亘古不变的规律就能工作好一辈子，也难以通过理解几条简单适用的人生智慧就能生活好一辈子。掌握一个普适性规律就能解决一切矛盾问题，理解一个通用性答案就能让我们一劳永逸，"一把钥匙开万把锁"的时代已经一去不复返。用来面对、应对不确定性变化的信息论、控制论和系统论，是信息时代我们每个人的必修课程。

信息的不同维度概念：逻辑起点

概念是思想的浓缩。 两千多年前，哲学家亚里士多德就强调："概念和范畴是研究问题的逻辑起点。"

"信息"这个概念是我们的大脑创造出来的最伟大的概念之一，我们的任务就是使得"信息"这个概念整体完全精确。

"什么是信息？"是最深刻和最普遍的科学问题。 它反映了更加深远的问题，这样的问题驱使我们日复一日地研究并扩展其前沿领域。

概念和范畴是研究问题的逻辑起点。

《通信的数学理论》这篇奠基性的论文建立在香农对通信的观察上，他巧妙地抽象出通信工程的技术本质，深刻地认为**"通信的基本问题是，在一点精确地或近似地复现在另一点所选取的信号。 这些信号往往都带有意义"**。 也就是说，通信工程的任务就是复制发送端所发出的信号波形，而不关心（事实上也不允许关心）信号所蕴含的信息内容及价值。 于是，在通信过程中可以只确定信号波形的复制，而不必处理信息的内容和价值。

香农在《通信的数学理论》这篇论文中对信息进行了深刻的描述，指出"信息是用来消除不确定性的东西"**"信息是事物运动状态或存在方式的不确定性描述"**，这是带有哲学、科学思维的概念。 一切事物相对于我们的认知来说都具有不确定性，因此，信息是我们认知事物的基础。

如何理解事物？ 存在于我们人类社会、思维活动和自然界中的一切可能的对象——都是事物。 而"运动状态"则是指事物在时间和空间上变化所展示的特征、态势和规律；"存在方式"则是指事物的内部结构和外部联系。

"信息是事物运动状态或存在方式的不确定性的描述。"这是香农对信息所给出的理解和思想浓缩。

信息是事物运动状态或存在方式的不确定性描述。

——香农

控制论的创始人维纳在他划时代的经典名著《控制论》中，也为信息的概念做了论述：**"信息就是信息，既不是物质，亦非能量。"** 也许有人会想，关于这个论述维纳说的是废话，但是反过来想，他告诉我们，信息与物质、能量是并列的，是同等重要的。

尽管这个论述不是信息的定义，但包含了这样的信息：**用于通信（即用于传递信息）的实际对象没有信息本身重要。** 另外，维纳还从别的维度来描述信息：**"信息是人们在适应外部世界，并且使之反作用于外部世界的过程中，同外部世界进行交换的内容的名称。"**

这就是信息论的创始人香农、控制论的创始人维纳对信息概念的理解。

信息是人们在适应外部世界，并且使之反作用于外部世界的过程中，同外部世界进行交换的内容的名称。

——维纳

《辞海》中对信息的解释是："音讯、消息""对观察对象形态、运动状态和方式的反映，是事物的一种普遍属性。 在通信和信息系统中是采集、传输、存储和处理的对象。 通常须通过处理和分析来提取；可大量复制、不会损耗，可脱离所反映的对象而被保存、传播。 对人类社会的发展进步有着重要意义。"

《中国大百科全书》中对信息的解释是："信息是关于事物运动的状态和规律的表征，是关于事物运动的知识。"

《中国军事百科全书》中对信息的解释是："信息是事物运动状态以及关于事物运动状态的抽象陈述。"

电子学家、计算机科学家认为"信息是电子线路中传输的信号"。

经济管理学家认为"信息是提供决策的有效数据"。

目前，国内外对信息的定义已不下百余种，它们都是从不同的角度、不同的层次来揭示信息的本质。由于我们对信息的本质认识还不深刻，对信息尚未形成一个普遍公认的、完整的、确切的定义，因此集合比较典型、比较有代表性的说法有：

（1）信息就是物质系统的序。

（2）信息是事物之间的差异。

（3）信息是集合的变异度。

（4）信息是一种场。

（5）信息是系统的复杂性。

（6）信息是一种关系。

（7）信息是事物相互作用的表现形式。

（8）信息是事物联系的普遍形式。

（9）信息是物质和能量在时间和空间中分布的不均匀性。

（10）信息是物质的普遍属性。

（11）信息是收信者事先所不知道的报道。

（12）信息是用以消除随机不确定性的东西。

（13）信息是使概率分布发生变动的东西。

（14）信息是负熵。

（15）信息是有序性的度量。

（16）信息是系统组织程度的度量。

（17）信息是被反映的差异。

（18）信息是被反映的变异度。

（19）信息是被反映的物质的属性。

（20）信息是人与外界相互作用的过程中所交换的内容的名称。

（21）信息是与控制论系统相联系的一种功能现象。

（22）信息是作用于人类感觉器官的东西。

（23）信息是选择的自由度。

（24）信息是通信传输的内容。

（25）信息是加工知识的原材料。

（26）信息是控制的指令。

（27）信息就是数据。

（28）信息就是情报。

（29）信息就是知识。

（30）信息是一个有组织的事实和数据集合。

（31）信息是人类与物理现实之间的关系，它由符号构成，在一定的语境里它告知人们现实中的事情。

（32）信息是新闻：已经知道的不是信息，所以，在某件事未知、未预料到、令人惊讶或者不可能的情况下，它是信息。

（33）信息是物质和能量的组织模式。

（34）信息是能不失完整性地传输的知识。

（35）信息是在对于接收者有含义的一个形式里呈现的数据。

（36）信息是为了满足用户决策的需要而经过加工处理的数据。

（37）信息是对事物的存在方式或运动状态直接或间接的表述。

（38）信息就是我们在信息传输之前已知的事物与信息传输之后才知道的事物之间的转变。

……

可见，有关信息的概念、内涵及其数学模型还需持续地深入研究。

总的来看，我们对信息的理解通常分为两个层面：一是没有任何约束条件的本体论层次，二是受主体约束的认识论层次。

本体论层次的客观信息是事物的存在方式、运动状态的表现形式。

认识论层次的主观信息是事物的存在方式、运动状态的表现形式在我们头脑中的反映；也是我们所感知或表述的事物的存在方式和运动状态。我们所感知的是周围世界输入给我们的信息，我们所表述的则是我们向周围世界输出的信息。

在本体论层次，信息的存在不以我们的存在为前提，即使我们这样的主体根本不存在，信息也仍然存在。在认识论层次则不同，没有我们这样的主体，就不能认识信息，也就没有认识论层次上的信息。

本体论层次的客观信息一直普遍存在，是客观世界的普遍属性，不以我们的意志为转移。而认识论层次的主观信息是随着我们的认识发展逐步显现的，却受限于我们人类认识水平的高低。为此，在香农信息论的基础上，这里给出广义的信息概念：**"信息是事物运动状态、存在方式的表征和不确定性描述。"** 其中"表征"是客观存在的表征，而"描述"是我们人为的。

随着对信息概念的持续深入研究，我们将会得出更加合理、更加科学、更易理解的信息概念，从而彻底揭示信息的本质，全面而准确地把握信息。

（广义）信息是事物运动状态、存在方式的表征和不确定性描述。

物质、能量和信息是我们人类赖以生存和发展的三大基石；我们的生存与发展离不开物质、能量，同样也离不开信息。其中，物质是基础，是实体；能量是物质运动的形式，物质可转换成能量，而能量又是改造客观世界的主要动力。

信息依附于物质和能量，但又不同于物质和能量，它必须以物质为载体，以能量为动力。没有信息就不能更好地利用物质和能量，我们利用信息改造物质、创造新物质，提高能量利用率，发现新能量形式。信息也是客观存在的，它是我们认识、改造客观世界的主要动力，是我们认识客观世界的更高层次。

哲学家和科学家认为："物质是本源的存在；能量是运动的存在；信息是联系的存在。""没有物质，就什么东西也不存在；没有能量，就什么事情也不发生；没有信息，就什么东西也无意义。"可见，这三者是相辅相成、缺一不可的。

没有物质，就什么东西也不存在；

没有能量，就什么事情也不发生；

没有信息，就什么东西也无意义。

自古以来，我们就一刻也离不开信息，**生活中最成功的人通常是那些拥有最重要信息的人。**

著名理论家、思想家麦克卢汉曾说："人类曾经以采集食物为生，而如今他们又要以采集信息为生，尽管这看上去有点不和谐。 但在这个角色上，电子时代的人类与他们旧石器时代的祖先一样，也是游牧族。"

信息就是我们的食物，前者需要大脑来处理，后者需要消化系统来处理。根据同样的信息，不同的我们会得出不同的结论。 掌握信息并能从信息中得出科学的结论才是长久之道。

信息，是我们这个世界运行所依赖的血液和生命力，渗透到各个学科领域，迭代完善着每个学科的发展面貌。

消息、信号与信息：三位一体

控制论的创始人维纳认为：**"所有科学，尤其是社会科学，压根研究的就都是通信，它们共有的一个概念就是'信息'。"**

我们的生活、工作之所以存在一些不愉快、一些误会，或者说一些困惑，往往是因为通信不够，或者说信息传递不够。

诺贝尔经济学奖得主肯尼斯·阿罗在《信息经济学》的序言中说："大多数经济决策都是在具有相当的不确定性的条件下做出的，一旦不确定性的存在在形式上可以分析，信息的经济作用就变得十分重要了。人们可以花费人力及财力来改变经济领域所面临的不确定性，这种改变恰好就是信息的获得。所以把信息作为一种经济物品来加以分析，既是可能的，也是非常重要的。"只要我们把这些话中的"经济"两个字改成"通信"，就和通信工程师说的话几乎没有什么不同了。

通信的本质就是信息传递，它改变着我们每个人的思维方式、行为方式，甚至我们所处的组织的行为方式。

通信的本质就是信息传递，它改变着我们每个人的思维方式、行为方式，甚至我们所处的组织的行为方式。

信息一词由来已久。据记载，我国唐代诗人许浑的《寄远》中有"塞外音书无信息，道傍车马起尘埃"，南唐李中的《暮春怀古人》中有"梦断美人沉信息，目穿长路倚楼台"，宋代毛滂的词文《浣溪沙》中有"雁过故人无信息，酒醒残梦寄凄凉"等，这些"信息"都是音信、消息的意思。

在现实中，我们常常错误地把信息等同于消息，以为获得了消息，就是获得了信息，实际上信息与消息既有区别又有联系。

电话、电报、广播、电视、遥测、遥控、雷达和导航等各种通信系统，虽然表面上形式和用途各不相同，但本质上都是相同的——都是信息的传输系统。

通信系统中传输的是各种各样的消息，而这些被传送的消息有着各种不同的形式，如符号、数据、语言、文字、图像、视频，等等。

所有这些不同形式的消息都是能被我们的感觉器官所感知的，我们通过通信接收到消息后，得到的是关于描述某事物状态的具体内容。 譬如，电视台转播足球赛时，我们从电视视频中看到了足球赛的进展情况，电视视频就是对足球赛运动状态的描述。

语言、文字、图像、视频等消息都是对客观物质世界的各种不同运动状态或存在状态的描述。 当然，消息也可用来表述我们头脑里的思维活动。

用文字、符号、数据、语言、音符、图像、视频等能够被我们的感觉器官所感知的形式，把客观物质运动和主观思维活动的状态表达出来，就构成了消息。 从通信的角度来看，构成消息的各种不同形式要具备两个条件：一是能够被通信双方（发信者和收信者）所理解，二是可以传递。

传递就是发信者和收信者之间存在联系，就是一事物对其他事物有影响。因此，我们从电话、电视等通信系统中获得的是一些描述各种主观、客观事物运动状态或存在方式的具体消息。

香农将各种通信系统高度概括，浓缩成图 1，由此可见，通信系统的三要素就是**发信者、收信者、信道**（信号传输的媒介）。

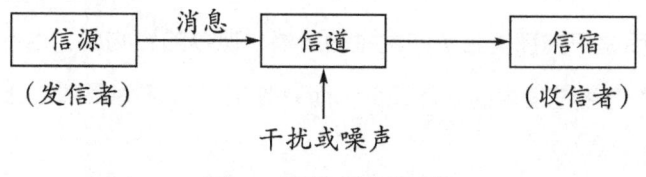

图 1　通信系统框图

从图 1 可以看出，消息是各种通信系统的传输形式。 消息在传递过程中最基本、最普通却又不怎么引人注意的特点是：

（1）收信者在收到消息以前，是不知道消息的具体内容的。换句话说，在收到消息以前，收信者无法判断发信者将会发来描述何种事物运动状态的具体消息。

（2）收信者在收到消息以前，无法判断是描述这种状态还是那种状态。

（3）收信者在收到消息以后，由于干扰的存在，不能判定所获得的消息是否正确和可靠。

总之，收信者存在着"不知"、"不确定"或"疑问"。通过消息的传递，收信者知道了消息的具体内容，原先的"不知"、"不确定"或"疑问"消除或部分消除了。

对收信者来说，消息的传递过程是一个从不知到知的过程，或是从知之甚少到知之甚多的过程，或是从不确定到部分确定或全部确定的过程。若一个通信系统不具备这样的本质特点，那就失去了其存在的意义。

消除了不确定性，就获得了信息（香农：信息是事物运动状态或存在方式的不确定性的描述）。

通过消息的传递，收信者知道了消息的具体内容，原先的"不知"、"不确定"和"疑问"消除或部分消除了。

从不确定性的观点来看待事物的发生和发展，是现代科学与经典决定论的重要区别之一。事物的不确定性，或事物发展的不确定性空间，本质上是由事物内部的矛盾所决定的。现今的物理学已不再仅仅研究那些必然发生（概率为1）的事情，而是研究那些最可能发生的事情；现今的生物学，也不再把某个物种的出现看作进化过程中的必然现象，而只是把它理解为最可能出现的种族中的一员……

我们根据自己的目的和利益选择策略、采取行动、改变条件，使事物沿着不确定性空间中某种确定的方向发展，形成对事物不确定性空间有方向性的选择。

消息传递过程中，其信息量的大小服从递减规律：在传递的过程中只会不断减少，不会增加。

通信系统中，形式上传输的是消息，但实质上传输的是信息。 消息是信息的载体，包含着信息。 消息传递过程中，其信息量的大小服从递减规律：**在传递的过程中只会不断减少，不会增加。** 这是因为干扰的存在使得消息在传递过程中的不确定性只会增大，不会减少。 发信者发出的一个消息在传递过程中，只会越来越不确切，不会越来越清晰。

消息传递通过的信道越长，环节越多，可能受到的干扰就越多。 因此，当有许多信道可以传递消息时，我们应尽可能选取那些比较短的、离发信者比较近的信道。

譬如，一个瓷器放在桌上，可以通过多种方法获得它的信息。 瓷器旁边的我们，可通过眼睛看到它的颜色、形状、大小，也可通过手拿瓷器感觉它的重量。 而远离瓷器的我们，则只能通过将瓷器摄像后进行远距离信息传递，把瓷器的颜色、形状变成相应的无线电波并发射出去，再传递给我们，从而获得有关瓷器颜色、形状的信息；然而这样一来，信息传递的距离是远了，但我们通过这种方法获得的信息就不如在瓷器旁边那样丰富了。

得到消息，从而获得信息，消除不确定性。 同一则信息可以由不同形式的消息来载荷；而同一则消息也可载荷不同的信息——可能包含十分丰富的信息，也可能只包含很少的信息。 可见，信息与消息是既有区别又有联系的。

当有许多信道可以传递消息时，我们应尽可能选取那些比较短的、离发信者比较近的信道。

既然信息不同于消息，那么它当然也不同于信号。 当我们听到"信息"这个词时，脑海里出现的其实只是蕴含着信息的信号。 为了克服时间上、空间上的限制而在各种实际通信系统中进行信息传递时，往往必须对消息进行各种加工处理，**把消息变换成适合信道传输的物理量，这种物理量称为信号。**

信号是一个物理量，它携带着消息，是消息的运载工具。 信号是载荷信息的实体，可测量、可描述、可显示，如声信号、电信号、光信号、生物信号等，其特性可以通过幅度、频率、相位等参量来描述。 信号仅仅是外壳，信息才是内核。 不同形式的信号的传递能力大小是不一样的，传递途径、方式也不一样。

信号、消息、信息三者之间的关系是哲学上的内涵与外延：信号是信息在物理层表达的外延；消息则是信息在数学层表达的外延；信息可以认为是具体的物理信号、数学描述的消息的内涵，即信号具体载荷的内容、消息描述的含义。

同一信息可以采用不同的信号形式来载荷；同一信息也可以采用不同的数学表达形式（如离散、连续）来定量描述。 同一信号形式，比如"0"与"1"，可以表达不同形式的信息，比如有与无、通与断、高与低（电平）、阴与阳，等等。

消息、信号与信息是既有区别又有联系的三位一体的三个不同概念：消息映射成信号，信号在通信系统里传输，信号运载着消息，消息包含着信息，如图 2 所示。

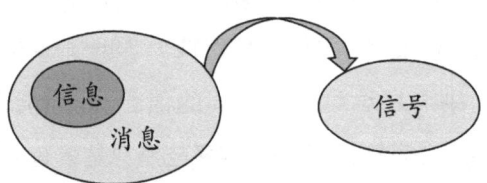

图 2　消息、信号、信息三者的关系图

消息映射成信号，信号在通信系统里传输，信号运载着消息，消息包含着信息。

"AF 缺淡水" 这五个字间接导致日本舰队覆没，也为日军输掉整个太平洋

战争埋下了伏笔。

1942 年 5 月，美军情报人员破译了日本海军使用的密码 JN‑25。 根据所截获和破译的情报，美军有一处代号为 AF 的基地很快就会成为日军一次重大海上袭击的目标，AF 是太平洋中的一个岛屿，但不清楚日军指的究竟是哪一个岛屿。 为弄清 AF 表示哪个岛屿，美军情报人员使用了像枪支弹药一样重要的武器——信息，让中途岛基地传送虚假求助消息。 传送的消息说中途岛的淡水蒸馏系统发生了故障，基地几无淡水。 很快，美军情报人员就监测到日军电波发出的一个微弱信号"AF 缺淡水"，这样，美军就获得了"AF 是中途岛"的信息。 于是，美海军集结舰队，保卫中途岛。 1942 年 6 月 4 日，美海军舰队于中途岛迎战日军舰队，日军一败涂地。 从此，日军再也没有对美国领土构成严重威胁，而美军则向日本本土展开了长期而艰难的攻势。

这里，无线电信号是载荷"AF 缺淡水"这个消息的实体。 对美军而言，"AF 缺淡水"这个消息的获取是一个从不确定到全部确定的过程，从而获得**"AF 是中途岛"的信息。 这条信息使得 AF 的不确定性空间缩小，实现了从"AF 在何处？"到"AF 是中途岛"的转变。** 一条无价的信息就这样改变了美日太平洋战争的走向，使得美军取得了重大胜利。

信息的主要特征：属性和功能

自古以来，我们都是生活在信息的海洋中。 农民不知道农时、墒情，就难以获得丰收；工人不掌握工艺、技术，就难以从事生产；商人不了解市场、行情，就难以获取利益；军队不明察敌情、我情，就难以取得战争的胜利……

信息普遍存在于自然界、人类社会、人类的思维领域之中。 信息主要具有可识别性、共享性、可伪性、时效性以及价值相对性等特征。

信息存在于自然界、人类社会、人类的思维领域之中，具有可识别性、共享性、可伪性、时效性以及价值相对性等主要特征。

一、 信息的可识别性

信息的可识别性就是信息可以通过某种媒介，以某种方式被我们所感知，进而掌握信息所反映的事物的运动状态或存在方式。

目前，我们能够接收和使用的信息只是无限丰富的信息中的一部分，还有许多信息尚未被我们所认知。 随着科学技术的发展，我们认知信息的手段、能力会不断提升，获取的信息也会越来越多。

电磁辐射是物质的固有属性，任何物体的物理和化学性质都可借助其辐射电磁波的强弱（功率）和波长（或频率）等反映出来。 可见光范围内，我们凭借肉眼，根据物体辐射或反射电磁波长及强度的不同，就可通过明暗或者颜色区分不同物体。 可见光范围外，通过发明的热成像仪，我们可获取物体辐射出的红外射线，从而得到有关被探测目标的信息。

二、 信息的共享性

信息的共享性就是信息可以被无限制地复制、传递或分配给多个认知主体，整个过程保持低损耗或无损耗，甚至会巩固和增加新的信息。

信息的共享性是信息与物质、能量的根本区别，物质、能量强调的是守恒，而信息通过共享充分发挥其价值。 信息的共享性突出表现在两个方面：

一是信息可以脱离所描述的事物独立存在并附于其他载体；另外，由于信息载体在空间上的位移，使得信息能够在不同的空间和不同的对象之间进行传递。

二是信息不像物质和能量那样——与他人共享就会带来损耗，甚至丧失。信息可以被大量复制和广泛传递。 譬如，甲、乙二人各有一个苹果，二人互相交换后，甲还是只有一个苹果，乙也还是只有一个苹果。 而若甲、乙二人各有一条信息，当二人互相交换信息后，甲就拥有了两条信息，乙也拥有了两条信息。

信息的共享性对我们具有非常特别而又重要的意义。 军事行动中，战场信息的共享是实施信息化联合作战的重要保障，这也是其意义的集中体现。 美军就是凭借世界一流的信息通信技术，研制、掌握了先进的信息获取和传输手段，实现了战场情报的快速传递和充分共享，因而在近几次信息化条件下的局部战争中掌握了战场先机。

三、 信息的可伪性

信息的可伪性就是信息能够被我们（发信者）主观地加工、改造，进而产生畸变；另外，通过一定的方式和手段，也可使我们（收信者）对信息产生失真甚至错误的理解和认识。

之所以存在信息的可伪性，根本原因在于信息仅仅是信息，而不是事物本身。 我们根据自己的意图，主观或片面地理解信息的内容，有意或无意地对信息的内容和附载信息的载体施加影响，就有可能使信息无法真实地反映事物本身及其运动状态的不确定性。

1944 年，英美盟军在诺曼底登陆之前，对登陆地点进行了信息封锁和信息欺骗，成功地使德军判断失误。 首先，盟军在英国的多佛利用无线电台设立了一个假的司令部，频繁实施虚假的通信联络，造成盟军在加莱方向登陆的假象；其次，盟军在法国沿岸部署了强大火力，一旦发现德军的雷达站便立即摧毁；最后，在登陆过程中对诺曼底方向的德军雷达和通信系统进行大规模的电子干扰。这一系列的信息欺骗行动，有效地对有关盟军主攻方向的信息进行了"可伪"，特别是盟军已经在诺曼底抢滩登陆时，深受"信息的可伪性"欺骗的德军统帅希特勒还在担心盟军是否会在加莱地区实施更大规模的登陆作战。

四、信息的时效性

信息的时效性就是信息的价值会随着时间的推移而发生变化。

事物本身是持续发展变化的，因此信息也必须随之而变化才能更准确地描述事物的运动状态或存在方式的变化。信息被传递后就会脱离事物本身，原信息便不能反映事物新的运动状态或存在方式的变化，其效用就会逐渐降低，甚至完全丧失。

畅销书《货币战争》开篇讲述的罗斯柴尔德家族因滑铁卢之战而一举成为英国政府最大债权人的故事，充分验证了信息的可伪性、时效性。

1815 年 6 月 18 日开始的滑铁卢战役，不仅是拿破仑和威灵顿的两支大军之间的生死决斗，也是成千上万投资者的豪赌，赢家将获得空前的财富，输家将损失惨重。若英国败了，英国公债的价格将跌进深渊；若英国胜了，英国公债的价格将冲上云霄。

早在战争爆发前，罗斯柴尔德家族就构建起了自己的情报收集和快递系统。这个情报信息网络的有效性、可靠性和准确性都达到了令人叹为观止的程度，远远超过了当时任何官方情报信息网络的性能，其他商业竞争对手更是只能望其项背。

当滑铁卢战役中拿破仑大军败局已定时，罗斯柴尔德家族的情报人员就想尽一切办法克服种种困难，以最快的速度将这个消息传递给了正在伦敦的内森·罗斯柴尔德。

内森看到载有胜负结局的战报后，就策马直奔伦敦的股票交易所。见到内森进来，正在等待战争胜负消息的、焦急而躁动的人群立刻安静下来。只见面无表情的内森冲着环伺在自己身边的罗斯柴尔德家族的交易员们递了一个深邃的眼色（这需要专门培训，否则难以理解），这些交易员们立即一声不响地冲向交易台，开始抛售英国公债。 一瞬间，相当于数十万美元的英国公债被猛然抛向市场，公债价格开始下滑，然后更大的公债抛单像海潮一般，一波比一波更猛烈，公债的价格开始崩溃。 交易大厅里的其他人猛然醒悟过来："罗斯柴尔德知道了！ 威灵顿战败了！"于是，所有人都跟着抛售英国公债，经过短短几个小时的狂抛，英国公债票面价值仅剩下 5％。 此时，内森又向他的交易员们递了一个眼色，这些交易员们又立即扑向各自的交易台，开始买进市场上能见到的每一张英国公债。

20 多个小时后，威灵顿在滑铁卢之战中获胜的消息传到了伦敦——这个消息比内森的情报仅仅晚了一天，而内森在这一天之内，狂赚了 20 倍的金钱，超过拿破仑和威灵顿在几十年战争中所得到的财富的总和。 内森一举成为英国政府最大的债权人，英格兰银行被内森所控制，开始主导英国日后的公债发行。

拿破仑的滑铁卢之所以成了罗斯柴尔德家族的"凯旋门"，是因为罗斯柴尔德家族比别人更早掌握了有关战争胜负的信息，继而使用欺骗策略诱导投资人疯狂抛售英国公债，使英国公债的价格跌至谷底，然后又以迅雷不及掩耳之势回购，最终赚得钵满盆盈。

五、 信息的价值相对性

信息的价值相对性就是同样的信息对于不同的我们具有不同的价值。

莎士比亚说过："一千个观众眼里会有一千个哈姆雷特。"

信息的价值不仅依赖于我们（收信者）的知识结构和知识水平，还与我们的观察、想象、思维等能力，以及注意力和记忆力等智力因素密切相关。

街道路口红黄绿信号灯的变化对我们正常人而言至关重要，然而对色盲患者却是没有任何价值的无用信息。 人行道上的盲道对我们正常人而言毫无用处，然而对盲人却起着至关重要的作用。 这就是信息的价值相对性。

战国时期，音乐家公明仪对牛弹起清角之操，牛无动于衷，理也不理、照样吃草。 公明仪弹起蚊虫之声、小牛叫声，牛就开始摇尾巴，把头昂起来听。

同样的事件对于不同的信息接收者，可能存在着完全不同的含义。 对于同样的话、同样的场景，不同的人可能存在着不同的理解。

曾经，在哥廷根召开的一次心理学会议上，突然有一个农夫冲进会场，一个黑人手持短枪紧追其后。 两人当着与会学者的面搏斗起来，忽然听到一声枪响，两人便一同跑出会场。 整个事件仅仅持续了 20 秒钟，却给与会学者留下了深刻的印象。 当时，会议主席立即请现场的 40 名与会学者写下了他们的目击经过。

其实，这件事是事先安排好的，仅仅是一次实验，经过排练且有摄影资料可核查，但是与会学者当时并不知情。 心理学学者的观察力往往是比较精准的，但这些与会学者提交的 40 篇目击报告中，只有 1 篇在主要事实的描述上错误少于 20％，其中 14 篇有 20％～40％的错误，有 25 篇的错误在 40％以上。特别值得一提的是，一半以上的报告竟有自己臆造的虚假情节。 只有 4 个人看清楚了黑人是光头，其余的人或者说黑人头戴便帽，或者说黑人头戴高帽子。黑人穿的是一件短衫，40 人都说对了；但是有人把短衫的颜色说成是全红的，或咖啡色的，或条纹的，实际上是一件黑短衫。

针对同样的事件，不同的与会学者获取、处理信息后得出的结论不同。 可见，经过人的思维，信息被转换了，具有价值的相对性。

在现实中，我们切不可把经过自己头脑加工的、带有主观色彩的信息与真实发生的客观事件混为一谈。 要时刻提醒自己，我们每个人都是《盲人摸象》故事中的盲人，只是盲的程度不同罢了。

信息的基本作用：认识和改造世界

信息是我们人类活动的基本现象和必备要素。

信息的产生、获取、存储、传输、处理和利用，贯穿于我们人类社会发展的各个时期，是认识世界、改造世界的基础条件。没有信息，我们就不可能掌握并积累知识，进而创新并运用知识来认识世界和改造世界。

我们获取、传递、处理和利用信息，就是掌握和理解有关客观事物的运动状态和变化方式，把握事物的客观规律，积累知识、创新知识，消除我们所面对的各种各样的不确定性，从而更加准确、高效地认识世界和改造世界。

在任何一个领域，我们的任何一种认识世界、改造世界的活动，都离不开信息。信息的作用很多，主要有信息的反映作用、联系作用、启迪作用和决策作用等。

在任何一个领域，我们认识世界、改造世界的活动都离不开信息。

没有信息，我们就不可能创新并运用知识，改造世界。

一、信息的反映作用

信息的反映作用是指信息能够直接或者间接地反映事物的存在方式或运动状态。信息的反映作用是信息最基本的作用。

信息的反映作用最简单和最直接的形式表现为信息能够对我们的视觉、听觉、嗅觉、触觉等感觉器官造成刺激。看到苹果红了，我们就知道苹果熟了，可以吃了。随着科学技术的发展，我们还可以通过其他手段（包括生物和人工装置）间接地获得信息，理解其所反映的事物的存在方式或运动状态，进而掌握其规律。

20 世纪 50 年代末，美国情报机构为搜集苏联火箭发展和导弹试验情报，千方百计对苏联地地弹道导弹的飞行试验进行监控，获得了大量遥测数据。 但是，那时普遍认为无线电遥测信号没有多大价值，而且还认为识别苏联遥测系统的所有信道几乎是不可能的事情。 但是，位于加利福尼亚州芒廷维尤的国防电子实验室的工程技术人员告诉美军，通过对绘制的信号与时间对应曲线图进行分析，能够解析出这些遥测信号的信息，进而确定导弹的重量、推力、发射后的加速度、发动机脱落时导弹的速度，甚至能够查明导弹各分系统的情况以及导弹的命中精度。 得知这一情况后，美国中央情报局非常震惊，立即做出决定，对获得的苏联导弹性能的遥测信号进行深入分析，从而推算出苏联地地弹道导弹的性能参数。 美国的工程技术人员称，根据这些遥测数据，他们能够设计出与苏联导弹性能相仿的导弹。 此事件催生出了一门新的学科——遥测情报搜集学，也就是现在我们所共知的"遥测情报"。

二、 信息的联系作用

信息的联系作用是指任何生命与非生命系统相互关联与交流都要以信息为中介，其间物质和能量的变化、运动和交换，也都以信息的联系为先导。

若没有信息的联系作用，任何一个系统的正常运转都不可能实现，系统将陷入混乱和无序。 对任何个体而言，亦是如此，即使是我们的意识活动，包括群体之间的思想和情感交流，也必须通过信息联系才能实现。

信息的联系作用广泛存在于生物、技术、社会等领域，具体而言：存在于神经中枢与各部分器官的联系、亲代把性状特征遗传给子代等生物领域；存在于控制系统、通信系统、制导系统、计算机系统等技术领域；存在于经济管理、生产过程、文学艺术、历史考古等社会领域。

在军事领域，军事信息已经成为现代战争的一种极其重要的作战资源，"信息主导"成为现代战争的基本特征，各种作战要素只有依靠信息的联系、信息系统的支持才能够融合为一个有机整体，才能够无缝链接、高效运转。

三、 信息的启迪作用

信息的启迪作用是指信息能够开导或者启发我们进行更为高效或者更具目

的性的活动。

信息所蕴含的意义可以直接或间接地被我们了解、掌握，产生启迪作用，进而影响或控制我们的思维和行为，促使我们更加深刻地改造世界。

创新源于我们能够觉察到机会（蕴含的信息）并追问为什么不能将这些机会变为现实。

"师法自然"，受种子掉到地里就可以长出植物的启发，我们学会了耕种；受荷叶的启发，我们造出了雨伞；受鸟类依靠翅膀可以飞行的启发，我们发明了有翼飞机。 我们根据蝙蝠的回声定位设计出了雷达，根据鱼身体的"流线型"改良了舰船和潜艇，根据鸟巢的结构建造了北京奥运会主场馆，等等，这些无不说明信息启迪作用的存在和影响。

随着阳光的照射方向不同，蝴蝶身上的鳞片会自动交换角度从而调节体温。 科学家受此启发将航天器的控温系统制成了叶片正反两面辐射、散热能力相差很大的百叶窗样式，并在每扇窗的转动位置安装对温度敏感的金属丝，随温度变化调节百叶窗的开与合，保持航天器内部温度的恒定，从而很好地解决了航天事业中的一大难题。

四、 信息的决策作用

信息的决策作用是指我们为了实现目标，在进行信息分析后运用价值准则，从多种可能方案中选择较优的或最优的方案，并付诸实施。

著名科学家莱布尼茨认为：**"生命可以分解为一长串连续的二元决策。"** 可以说，我们的人生质量如何、事业成功与否，这些都是由我们每时每刻做出的决策的质量所决定的。

决策具有科学性。 科学就是先有观察、思考，然后去实验、验证。 从科学的视角来看决策，决策也是在不断的实验、验证中探索规律。

著名的黑石集团联合创始人彼得·彼得森说："回望过去，我遇到的机会最后都成了二选一的题目——眼前利益还是长远利益，而我的决策都是长远利益。"

决策就是收集加工信息，然后做出判断的过程；它涉及我们的各种信息活动以及我们对信息的理解和把握。 信息是决策的基础，是决策的"原材料"。决策对信息的需求如同生产对原料的需求一样，离开信息，决策就成为无米之炊，无本之木。

《孙子兵法》很早就传到了日本，尤其在唐朝时最盛。 日本战国时代武将如云，其中有一位大将武田信玄的旗号就是从《孙子兵法》中来的，其旗号称"风林火山"，即出自《军争篇》的"其疾如风，其徐如林，侵掠如火，不动如山"。 可见，武田信玄对《孙子兵法》是非常倾心的，但是他还是一个失败者，并没有取得最后的成功，最后成功的是德川家康。 武田信玄为什么没有成功呢？ 虽然他用《孙子兵法》来护法，把它凝聚到旗号上，但最终还是输了，是因为他学《孙子兵法》没学全，只学了一半，全文是六句，他理解了四句，所以还存在破绽。

"风林火山"讲兵法调度如神。"其疾如风"快起来像风一样，无形无象，随时转向；"其徐如林"，慢起来像树林，好像都没动，但是有序；"侵掠如火"，当采取攻击行动的时候，像火烧过去一样，快得很，很彻底；"不动如山"，则是指非常冷静。 然而，这四句的后面还有"难知如阴，动如雷霆"，这是最重要的一环。"难知如阴"就是说一个将领所显现出来的气度、态势让对手完全没有办法判断其下一步要干什么，一切完全不可预料，很难了解；而一旦采取动作了，也来不及应付，这就是"动如雷霆"。

可见，让对手无法掌握信息，进而难以决策或决策不够迅速，可以导致对手贻误战机，从而赢得整个战争的胜利。

决策就是收集加工信息，然后做出判断的过程；它涉及我们的各种信息活动以及我们对信息的理解和把握。

决策恰恰是一个主体间相互博弈和主体内部博弈的过程。 我们在进行每

一项决策前都需进行一轮博弈，我们的每一轮博弈皆会产生一项决策。

在博弈过程中，只有获得关于博弈对手的足够信息，才能做出最佳的决策，更好地行动，实现目标。

认识信息，就发现了力量；占有信息，就拥有了权利；整合信息，就增强了能力；传播信息，就施展了力量；形成信息流，就形成了更强的支配力。

以上这些是对信息基本作用的阐述。信息还具有其他一些作用——都可由其基本作用派生或演化出来。信息的作用到底有多大？可借用科幻作品中的一句话来进行前瞻性的描述："世界万物皆由集结的信息构成，借由改变这些信息排序可以操纵时间、空间及现实中的一切。"

信息的度量

"万物源自比特。'比特'的出现标志着人类知道了如何度量信息。"

——著名物理学大师约翰·惠勒

　　信息度量是信息理论研究的基本问题，是指利用数学手段从量的关系上来精确地描述信息。

　　信息度量问题是整个信息科学体系得以真正构建的根本理论基础，其度量方法建立在我们对信息本质的认知基础上。

　　信息论的创始人香农运用非决定论的观点和概率理论，用"所消除的随机不确定性的数量"对信息进行度量，解决了信息的定量描述问题，给出了自信息、互信息、信息熵、平均互信息、相对熵等数学公式。

　　在信息度量的基础上，香农提出了著名的三大信源信道编码定理，奠定了信息传输的理论基础，揭示了信息传输的基本规律和能力，指明了信息通信领域的发展方向。

　　善用等价信息、相关信息，遵守信息传输规律，是信息时代我们每一个人都必须掌握的生活和工作技巧。

信息度量：信息科学的理论基石

卡尔·马克思认为：**"一门科学只有当它达到了能够成功地运用数学的时候，才算真正发展了。"**

质量、能量和信息量，是科学研究中三个非常重要的基本概念。就如同统一货币一样，各物理量也必须有一个统一的国际度量单位或者量纲才能更好地推动科学研究的发展进步。

17 世纪，科学家牛顿发现了物体的力学三大定律，阐明了质量概念，统一了质量的度量单位（千克）。19 世纪，科学家迈尔、赫姆霍兹、焦耳等人发现了热力学第一定律，阐明了能量的概念，统一了能量的度量单位（焦耳）。20 世纪初期，随着电报、电话、电视、无线电、雷达等技术的迅猛发展，怎么度量信号中所含信息量的问题亟待解决。1948 年，香农首次提出了"信息熵"的概念，从数学上真正解决了信息的度量问题，统一了信息量的度量单位（比特）。

若没有流畅的数学思维，我们就好像一个单腿的人在参加一场异常激烈的马拉松比赛，注定无法赢得胜利。

信息度量是信息理论研究的基本问题，是整个信息科学体系得以真正建立的根本理论基础；其研究方法建立在我们对信息本质的认知基础上，对信息的本质有什么样的认知，就会产生什么样的度量方法。

由于通信的本质是信息的传递，因而最早对信息问题进行系统的理论研究的就是通信领域。

为了科学合理地设计通信系统，有效地发挥通信系统的功能和作用，就有必要对所传输的对象（信息）进行定量分析、数值度量，这就是信息的度量。

> **信息度量**，是指从量的关系上来精确地描述信息，是整个信息科学体系得以真正建立起来的根本理论基础。

拉普拉斯的决定论认为：**"世间一切系统的因果关系都可以包含在确定性的微分方程之中，只要能够给定相应的方程的初始条件，就可以唯一地确定这个系统在未来任何时刻的结果。"**

与决定论不同，信息论的创始人香农认为，事物的发展变化是复杂的，其因果关系既有必然性又有偶然性，事物的发展结局往往存在不确定性。香农指出：通信工程的基本任务是复制从发信者发出的消息的波形（信号），与消息的内容无关，并且通信系统所传递的信息和所受到的干扰都是随机的（具有不确定性）。也就是说，通信系统所面临的不确定性（随机）现象是各式各样的，即通信系统的用户对象是随机到达的，通信信道的噪声和干扰本质上是随机的，通信用户所传送的信号波形不是事先预知的，而是随机的。

用数学的语言来描述，不确定性就是随机性，具有不确定性的事件就是随机事件。于是，可以应用概率论、随机过程和数理统计等研究随机事件的数学工具，对不确定性的大小进行度量。

不确定性的大小就是事先猜测某随机事件是否发生的难易程度。关于某一事物可能出现的不同消息的数目，以及各消息发生的概率大小，决定了该事物不确定性的大小。既然不确定性的大小能够度量，那么信息也是可以度量的。确定信息量的大小，依据的就是这样一种思想。

> ➤ 《辞海》中对信息度量的解释：信息的量值与信息的随机性有关，如在接收端预估消息或信号中所蕴含的内容或意义的可能性越小，信息量就越大。

> ➤ 根据不确定性的概念对信息度量的解释：消息中的内容不确定性越大，说明越"意外"，可能导致不可预料的后果越严重，或者带来的"惊喜"/"幸福感"越强烈，即它可能起的作用越大，因而信息量越大。

➢ 根据香农定义的信息的概念，对信息度量的解释：消息中具有不确定性的成分才是信息，不确定性的成分越大，或者说消息发生的概率越小，信息量就越大。

消息中具有不确定性的成分才是信息，不确定性的成分越大，信息量就越大。

香农指出：**所谓信息，不过是对一些不确定性事件的度量。** 信息的含义并不重要，但是信息的意义就在于：利用信息可以部分或全部消除某一事件的不确定性，从而达到了解该事件的目的。

假设现有甲、乙两个袋子，各袋内装有大小均匀、重量相等和手感一样的小球 100 个。 其中甲袋内红、黄小球各 50 个，乙袋内有红、白、黄、蓝四种小球，各 25 个。 我们现随机从甲袋或乙袋中摸出一个小球并猜测摸出的小球的颜色，这个事件就具有不确定性。 从甲袋中摸出红球要比从乙袋中摸出红球容易得多。 甲袋中只有红、黄两种颜色的球，从中摸出红球的概率为 $1/2$。 但在乙袋中，红球只占 $1/4$，摸出红球的可能性就小。 "从甲袋中摸出红球"比"从乙袋中摸出红球"的不确定性要小。 由此可得出：**不确定性的大小，与关于事件可能出现的消息的数目以及各消息发生的概率有关。** 消息发生的概率越小，信息量就越大。

香农用"所消除的随机不确定性的数量"来度量信息量的大小，这是信息通信技术研究历史上第一次成功地解决了前人没有解决的核心理论难题——"如何进行信息度量？"

不确定性的大小，与关于事件可能出现的消息的数目以及各消息发生的概率有关。

若我们面对两个"不确定性"的道路选择，利弊各占 50%，那么我们就应该选择短期内更难、更痛苦的道路，以换取更大的长期收益。

　　世界上唯一不变的是变化，唯一确定的是不确定性，也就是经验概率难以推出未来会是什么样子，不确定性是我们这个世界最本质的特征。 概率既是我们这个世界的底色，也是常态，是我们人生的指南，有助于我们理解这个世界，更好地面对未来。

　　"当我们承认未来是不确定性时，就会有敬畏之心，就会关注规则、关注公平和正义，就会以正义的情感、正确的立场，理性决策。"

　　正是由于存在不确定性，我们才需要获得信息、处理信息和利用信息来消除这种不确定性，直面这个真实世界，以便做出正确的、高质量的决策。 是否真正理解概率、把握概率，直接决定了我们的决策质量。

　　从不确定性的维度来看待事物的发生和发展，以及将我们这个世界置于不确定性之上来考虑的思维方式，是信息时代我们认识世界、改造世界的最根本的世界观和方法论。

自信息：事件是否发生的不确定性的大小

香农运用非决定论的观点和概率理论，用"所消除的随机不确定性的数量"，对信息量的大小进行度量，解决了信息的定量描述问题，给出了关于自信息、互信息、信息熵、平均互信息等的数学公式。

香农把信息定义为"用来消除不确定性的东西"，而某一事物的不确定性大小是与该事物可能出现的不同状态的概率大小有关的。根据经验可知，事件发生的概率越大，不确定性就越小，发生概率为 1 的必然事件就不存在不确定性；事件发生的概率越小，不确定性就越大。因此可以推断，**某事件发生所含有的信息量是该事件发生的概率大小的函数**，即

$$I(a_i) = f[p(a_i)]$$

式中，$p(a_i)$ 是事件 a_i 发生的概率，而 $I(a_i)$ 表示事件 a_i 发生所含有的信息量；函数 $f[p(a_i)]$ 应满足以下条件：

$I(a_i) = f[p(a_i)]$ 应是概率 $p(a_i)$ 的单调递减函数。$p(a_i)$ 越大，$I(a_i)$ 越小；$p(a_i)$ 越小，$I(a_i)$ 越大。

当 $p(a_i) = 1$ 时，$I(a_i) = 0$；当 $p(a_i) = 0$ 时，$I(a_i) = \infty$。

多个统计独立事件的信息量等于它们分别的信息量之和，即

$$f[p(a_1)p(a_2)p(a_3)\cdots] = f[p(a_1)] + f[p(a_2)] + f[p(a_3)] + \cdots$$

根据泛函分析理论，满足这些条件的函数形式是对数形式，即

$$I(a_i) = \log_r \frac{1}{p(a_i)}$$

一个事物只有可以用数学的方法加以描述时，我们对该事物的认识才是深刻的。

当对数的底取 $r=2$ 时，信息量的单位是比特（bit）。 比特是最小的信息量单位，抛一次硬币就产生了 1 个比特。

著名物理学大师约翰·惠勒认为：**"万物源自比特。'比特'的出现标志着人类知道了如何度量信息。"**

任何存在两个可区分状态的系统都可以记为 1 比特。 譬如，若一个系统中有 A 和 B 两种可能性，并且它们出现的概率相同，那么要搞清楚到底是 A 还是 B，所需的信息量就是 1 比特。 若我们对这个系统有一点知识，知道 A 的概率比 B 大一些，那么搞清楚这个系统所需的信息量就不到 1 比特。 若一个系统包含多个可区分状态，则该系统就有更多的比特。

假设同学 A 是足球迷，但错过了足球世界杯比赛（32 支球队，编号从 1 到 32），这是一件遗憾的事。 同学 A 询问观看了球赛的同学 B，但 B 却不愿直接告诉 A，而是让 A 猜，并且 A 每猜一次，B 就要收一块钱才肯告诉 A 是否猜对，那么 A 要掏多少钱才能知道谁是冠军呢？

同学 A 可把这 32 支球队用数字 1～32 进行一一对应的排列，然后猜测冠军是在前 16 支球队中还是在后 16 支球队中，并付给同学 B 一块钱，得到反馈后，把可能存在冠军的那 16 支球队"一分为二"；然后猜测冠军是在前 8 支球队中还是后 8 支球队中，并付给同学 B 一块钱，得到反馈后，把可能存在冠军的那 8 支球队再"一分为二"；然后猜测冠军是在前 4 支球队中还是后 4 支球队中，并付给同学 B 一块钱，得到反馈后，把可能存在冠军的那 4 支球队再"一分为二"；然后猜测冠军是在前 2 支球队中还是后 2 支球队中，并付给同学 B 一块钱，得到反馈后，就从可能存在冠军的那 2 支球队中"二选一"，猜测冠军球队，并付给同学 B 一块钱，这样就知道哪个球队获得冠军了。

"谁是世界杯冠军"这个事件的信息量只值 5 块钱（猜 5 次）。

当然，香农不是用钱，而是用"比特"这个概念来度量事件的信息量。 这里，"谁是世界杯冠军"这个事件的信息量就是 $\log_2 32 = 5$ 比特。

对随机变量 X，其可能的事件 a_i 的自信息定义为：

$$I(a_i) = \log_r \frac{1}{p(a_i)} = -\log_r p(a_i)$$

自信息表示确定一个事件是否发生所需的信息量的大小；它描述了一个事件的信息量。

不同的事件有不同的自信息，即不同事件所含有的信息量不同。自信息是一个随机变量，不能用自信息作为整个随机变量 X 的信息度量。

自信息 $I(a_i)$ 的含义可以理解为：

（1）事件 a_i 发生以前，自信息表示事件 a_i 是否发生的不确定性大小；

（2）事件 a_i 发生以后，自信息表示事件 a_i 所含有的信息量的大小；一旦事件 a_i 发生，就消除了这种不确定性，带来了信息量。

譬如掷一枚骰子，若"六点朝上"，这一事件含有 $\log_2 6$ 比特的信息量。

这里通过一个经典实例阐述自信息在我们日常生活和工作中的指导应用。

假设有 12 个形状完全相同的球，其中 1 个球的重量与其他球不同，并且不知是重还是轻，其他 11 个球均等重。那么，为了用无砝码的天平称出这个不同重量的球，至少必须称多少次？

基本思路：在 12 个形状完全相同的球中，哪一个球的重量与其他球不同（不知是重还是轻）都是"无知""不确定的"。而要用天平（无砝码）比较左右两边的轻重的测量方法来称出这个不同重量的球，我们每测一次就可获得一定的信息量，就能消除部分不确定性。我们测量若干次后，就能消除全部不确定性，获得全部信息，此时就可确定这个不同重量的球。

设"在 12 个形状完全相同的球中，某一个球为重量不同的球"这个事件为 a，其出现的概率为

$$p(a) = \frac{1}{12}$$

又设"重量不同的球比其他球的重量是重还是轻"这个事件为 b，其出现的概率为

$$p(b) = \frac{1}{2}$$

事件 a 的自信息为

$$I(a) = -\log_2 p(a) = \log_2 12$$

事件 b 的自信息为

$$I(b) = -\log_2 p(b) = \log_2 2$$

要找出这个不同重量的球（不知是重还是轻）所需的信息量是消除这两个事件的自信息。由于这两个事件是统计独立的，所以所需的信息量为

$$I_{需} = I(a) + I(b) = \log_2 12 + \log_2 2 \approx 4.585(比特)$$

而天平（无法码）称一次只能判断出三种情况：重、轻和相等。这三种情况是等概率的，其概率大小为 1/3，所以天平称一次能获得的信息量为

$$I_{获} = -\log_2 \frac{1}{3} = \log_2 3 \approx 1.585(比特)$$

于是，至少必须称的次数为

$$\frac{I_{需}}{I_{获}} = \frac{\log_2 24}{\log_2 3} \approx 2.9(次)$$

此时，可得至少必须称 3 次。

自信息表示确定一个事件是否发生所需的信息量的大小；不同概率的事件，所含有的信息量大小也不同。

战争是充满不确定性的，永远是在"迷雾"中进行的。不确定性是交战双方都需面临的共同困难，其关键是谁更善于把握并利用好不确定性。

著名军事理论家克劳塞维茨说："战争是充满偶然性的领域，人类的任何活动都不像战争那样给偶然性这个不速之客留有这样广阔的活动天地，因为没有一种活动像战争这样在各方面和偶然性经常接触。偶然性会增加各种情况的不确定性，并扰乱事件的进程。"

在第二次世界大战中，当纳粹德国兵临苏联莫斯科城下时，苏联在欧洲已经无兵可派，却不敢使用在西伯利亚中苏边界的 60 万大军。这是因为苏联人不知道德国的轴心国盟友日本当时的军事策略是北上进攻苏联，还是南下和美

国开战。 日军若南下，苏联人就可以放心大胆地从中苏边界撤回 60 万大军增援莫斯科保卫战。 但苏联领导人不能猜，因为猜错了后果是非常严重的。

传奇间谍佐尔格向莫斯科发去了"日本将南下"这份信息量仅 **1 比特**却价值无限的情报（信息），于是苏联就把西伯利亚的 60 万大军调往了欧洲战场，最终赢得了莫斯科保卫战。

战争中，1 比特的信息能抵过千军万马。

信息的价值不在于量的大小，而在于消除多少不确定性、提供多少新内容。 1 比特信息也可成就惊天伟业。

互信息：随机事件相关性的度量

现实生活中，我们常说"有关系"。譬如，常识告诉我们，一个随机事件"今天北京下雪"和另一个随机事件"过去 24 小时北京的温度"的相关性就很大。但是它们的相关性到底有多大呢？再譬如"过去 24 小时北京的温度"似乎就和"海口的天气"相关性不大，但我们能否说它们毫无相关性呢？

当我们获取的信息与所研究的事物"有关系"时，这些信息才能帮助我们消除该事件的不确定性。当然"有关系"这种说法太模糊，最好能够从数量上度量"相关性"。为此，香农在《通信的数学理论》中提出了一个"互信息"的概念作为两个随机事件"相关性"的定量性度量。

两个随机事件 a_i 和 b_j，事件 b_j 的出现给出关于事件 a_i 的信息量定义为**互信息：**

$$I(a_i; b_j) = \log \frac{p(a_i/b_j)}{p(a_i)} = \log \frac{1}{p(a_i)} - \log \frac{1}{p(a_i/b_j)} = I(a_i) - I(a_i/b_j)$$

互信息＝事件 a_i 先验的不确定性－事件 b_j 发生后 a_i 尚存的不确定性＝自信息－条件自信息（在事件 b_j 已知的条件下，事件 a_i 所含的信息量）。

互信息具有互易性，即

$$I(a_i; b_j) = \log \frac{p(a_i/b_j) p(b_j)}{p(a_i) p(b_j)} = \log \frac{1}{p(b_j)} - \log \frac{1}{p(b_j/a_i)}$$

$$= I(b_j) - I(b_j/a_i) = I(b_j; a_i)$$

互信息的互易性表示事件 b_j 的出现所提供的关于事件 a_i 的信息量等于事件 a_i 的出现所提供的关于事件 b_j 的信息量。

当 $p(a_i/b_j) > p(a_i)$，即事件 b_j 的发生有助于肯定事件 a_i 的出现时，则 $I(a_i; b_j) > 0$；而当 $p(a_i/b_j) < p(a_i)$，即事件 b_j 的发生不利于肯定事件 a_i 的出现时，则 $I(a_i; b_j) < 0$。

任何两个事件之间的互信息，都不可能大于其中任一事件的自信息。

互信息就是事件 a_i 先验的不确定性，减去事件 b_j 发生后 a_i 尚存的不确定性。

假设某人 A 预先得知今晚他的三个朋友 B、C、D 中有且仅有一人来访，而且三人来的可能性相同，即先验概率为 $p(B) = p(C) = p(D) = 1/3$。上午 A 接到朋友 D 的电话，说有事不来了，即发生了事件 Y，试求朋友 B 来访和事件 Y 的互信息 $I(B;Y)$。

基本思路：三人中有一人来，每一个人来访的自信息为

$$I(B) = I(C) = I(D) = \log 3 = 1.585（比特）$$

发生了事件 Y 后，只有朋友 B、C 之一来访，得后验概率 $p(D/Y) = 0$，$p(B/Y) = p(C/Y) = 1/2$。

此时朋友 B 来访和事件 Y 的互信息为：

$$I(B;Y) = \log \frac{p(B/Y)}{p(B)} = \log \frac{1/2}{1/3} = 0.585（比特）$$

这说明："朋友 D 不来"这件事的发生，部分消除了"朋友 B 来访"这件事的不确定性，消除的不确定性大小即为互信息 $I(B;Y)$。

互信息衡量了事件之间的关联程度。若事件 b_j 和事件 a_i 有紧密的关系，那么事件 b_j 发生后 a_i 尚存的不确定性就会很小，互信息就较大。**当事件统计独立时，互信息为零。**

对人类历史上的很多信息，我们是无法直接衡量的，甚至找不到完全等价的信息，只能依靠不同信息的相关性来进行猜测。譬如，我们对地球年龄的估算历程就是如此。在不知道放射性同位素之前，很难判断一块岩石到底有 100 万年的历史，还是 5000 万年的历史，若给我们两块石头，我们是看不出也分析不出它们形成的时间的。

著名地质学家、生物地层学奠基人威廉·史密斯在长期的野外测量和地质

调查中发现，每一层岩层都有自己特有的生物组合化石。根据化石中的动植物可以分析比较并判断出其出现的年代。譬如，三叶虫和一些有贝壳的软体动物出现的时间距离现代较远，而爬行类和哺乳类脊椎动物出现的时间距离现代较近。于是，威廉·史密斯认为可以根据岩层的生物组合化石来鉴定岩层的年代，并提出了**化石层序律**，把岩石出现的时间与生物进化阶段联系起来，把生物史与岩层之间生物组合化石的不断变化对应起来。

化石层序律的本质其实就是反映地质变化和生物进化这两种相关事件的互信息。但是，它有一个变化的范围，并不是非零即一的绝对度量，因此不能用它来确定因果关系，只能用它来表述事件 A 发生后，事件 B 也同时发生的可能性的大小。

在众多门类的古生物中，有些门类的特征显著，而且只出现在一个地质时代，它们就可以作为一个特定地质年代的标志，譬如三叶虫，科学家们称三叶虫化石为"标准化石"，也就是说它们的出现和相应的地质年代之间的互信息很大。

但是，另一类古生物，比如舌形贝，在寒武纪就开始出现，今天依然在海洋中很常见。而且在几亿年的时间跨度里，它们的形态和内部结构几乎没有什么显著变化，它们和地质年代的互信息就很小。若我们在一个地质断层中发现了它们的化石，就得不出"这个地质断层是在寒武纪形成的"这一结论。

对人类历史上的很多信息，我们是无法直接衡量的，甚至找不到完全等价的信息，只能依靠不同信息的相关性来进行猜测。

我们每个人都有自己的"三观"（世界观、人生观、价值观），"三观"背后蕴含着我们的思维方式和成长经历，以及我们看待事物的角度、方式和方法。所谓"三观"一致，从信息论的角度来看，就是彼此之间互信息量大；若"三观"存在差异，则彼此之间的互信息量就小。

我们常说的"门当户对"，最重要的不是社会地位、经济状况的匹配，而是

"三观"的一致。 男女俩人在恋爱的新鲜劲过去之后,平淡相处起来,若"三观"不一致,那么就会存在认知差异,导致沟通障碍,进而矛盾持续不断。 男女俩人要步入婚姻殿堂,最好双方的"三观"是一致的。

不管是男女朋友,还是普通朋友,"三观"越一致,即对世界、对人生、对价值的看法越一致,互信息量就越大,沟通的带宽就越宽,沟通就越顺畅;否则,对同一件事情的认知存在部分不同或完全不同,互信息量就小,甚至趋近于零,这种情况下在讨论事情时,就难以在同一个频道上进行对话思考从而达成共识。

"志同则道合,道合则无虞。"真正幸福的婚姻,真正长久的友谊,一定都是"三观"一致的。

"三观"一致,就是对世界、对人生、对价值的看法有一致性,就是互信息量大。

在现实中,若是彼此无法理解,最好的处理办法就是试着去包容和尊重他人,尽可能增大彼此之间的互信息量。

著名古典哲学家康德曾说:"我尊敬任何一个独立的灵魂,虽然有些我并不认可,但我可以尽可能地去理解。"

当我们学会了尊重他人的处世方式和"三观",我们与他人之间的互信息量就会增大;同时,我们在给他人带来舒适和温暖时,自己也会越来越优秀。

信息熵：随机变量不确定性的度量

"熵"是著名物理学家克劳修斯在热力学第二定律中引入的基本概念，可以把它理解为分子运动的混乱程度。

克劳修斯指出："在孤立的系统内，分子的热运动总是从原来集中、有序的排列状态趋向分散、混乱的无序状态。系统从有序向无序的自发过程中，熵总是增加的。当熵在一个系统内达到最大时，系统就处于能量平衡状态而呈现出一种静寂状态。"熵是热力学第二定律的核心概念，而热力学第二定律的另一层含义是，熵增是不可逆的。

"熵"就是一个系统的混乱（无序）程度，系统越无序，熵值就越大；系统越有序，熵值就越小。

相应的，"负熵"表征一个系统有序的程度，负熵越高表明系统越有序，亦即系统越有活力。

关于信息传输中的"不确定性"的度量，最初香农并没有借用"熵"这个概念来描述，香农想把它称为"information（信息）"，但又认为这个名词太普通、太大众化；另外，他还考虑过直接就用单词"uncertainty（不确定性）"，但它却更抽象、更难以理解，缺乏量化的含义。难以定夺取舍之时，香农碰巧遇见了大名鼎鼎的天才数学家冯·诺依曼。冯·诺依曼告诉香农："就叫它熵吧，这有两个好理由。一是你的不确定性函数已在统计物理中用到过，在那里它就叫熵。第二个理由更重要：没人真正理解熵为何物，这就让你在任何时候都能进能退，立于不败之地。"

生命以负熵为生。负熵代表着系统的活力，负熵越高则系统越有序。

在现实中，我们常常会说"今天收获颇丰、信息量大"，或者"今天收获一

般，信息量小"，但很难说清楚这个信息量的大和小到底是多少，譬如：一本 1.6 万字左右的中文版《论语》含有多少信息量；或者一套 300 多万字的中文版《资治通鉴》到底含有多少信息量。对于这个问题，几千年来都没有很好的答案。直到 1948 年，香农在著名的论文《通信的数学原理》中创新性地提出了"信息熵"的概念，才解决了信息的度量问题，并定量地描述信息的作用。

香农把自信息的数学期望称为随机变量 X 的信息量，即**信息熵 $H(X)$**。

$$H(X) = E\left[\log_2 \frac{1}{p(a_i)}\right] = -\sum_{i=1}^{q} p(a_i)\log_2 p(a_i)$$

式中，a_i 是随机变量 X 中可能的事件，$p(a_i)$ 是这些事件的概率，q 是这些事件的个数。信息熵 $H(X)$ 是从随机变量 X 的统计特性来考虑的。

信息熵 $H(X)$，是随机变量 X 输出前的平均不确定性；是随机变量 X 输出后，每个事件所提供的平均信息量。

信息熵 $H(X)$ 衡量随机变量 X 所处的可能的事件不确定性程度。一个随机变量 X 中的事件数量越多，也就是可能性越多，不确定性就越大；在事件数量保持不变时，若各个事件的可能性越相同，则不确定性就越大；相反，若个别事件越容易发生，大部分事件都不可能发生，则不确定性就越小。

信息熵 $H(X)$，是随机变量 X 输出前的平均不确定性；是随机变量 X 输出后，每个事件所提供的平均信息量。

假设一个布袋内装有 100 个球，其中 88 个球是绿色的，12 个球是红色的。我们现随机摸取一个球，猜测该球的颜色。那么，我们平均摸取一次所能获得的自信息量是多少？

这一随机变量 X 的概率空间为

$$\begin{bmatrix} X \\ p(x) \end{bmatrix} = \begin{bmatrix} a_1 & a_2 \\ 0.88 & 0.12 \end{bmatrix}$$

a_1 表示摸出的是绿球；a_2 表示摸出的是红球。

若被告知摸出的是绿球，此时获得的信息量是

$$I(a_1) = -\log_2 p(a_1) = -\log_2 0.88 \text{（比特）}$$

若被告知摸出的是红球，此时获得的信息量是

$$I(a_2) = -\log_2 p(a_2) = -\log_2 0.12 \text{（比特）}$$

若在每次摸出一个球后又放回去，再进行第 2 次、第 3 次、……第 n 次摸取。那么，摸取 n 次后，绿球出现的次数为 $np(a_1)$ 次，红球出现的次数为 $np(a_2)$ 次。于是摸取 n 次后，我们总共获得的信息量为

$$np(a_1) I(a_1) + np(a_2) I(a_2)$$

这样，平均摸取一次所能获得的信息量为

$$H(X) = -\left[p(a_1) \log_2 p(a_1) + p(a_2) \log_2 p(a_2) \right]$$
$$= -0.88\log_2 0.88 - 0.12\log_2 0.12 = 0.529 \text{（比特）}$$

可见，**信息熵是从平均意义上来表征随机变量 X 总体特性的一个量。**

若布袋内有 100 个球，其中 50 个是绿球，50 个是红球，则信息熵 $H(Y) = -0.5\log_2 0.5 - 0.5\log_2 0.5 = 1$ 比特。可见，$H(Y) > H(X)$。

随机变量 Y 比随机变量 X 的平均不确定性要大。

对于随机变量 X，它的两个事件 a_1 和 a_2 不是等概率的，事先猜测这两个事件中的哪一个事件会出现，虽然具有不确定性，但是事件 a_1 出现的概率大，那么猜测事件 a_1 会出现就要容易些，所以随机变量 X 的不确定性更小。

观察随机变量 Y，它的两个事件是等可能性的，所以在随机变量 Y 没有发生事件以前，事先猜测哪一个事件出现的不确定性最大，也就是说，当没有任何事件占有更大的确定性时，**等概率分布**平均不确定性最大（**信息熵达到最大值**）。可见，信息熵描述了随机变量输出前的平均不确定程度的大小。

对于给定的随机变量，信息熵是一个确定的数值；这对于通信、自然语言处理、数据压缩都有很强的指导意义。

有了"信息熵"这个概念，就可以回答前面所提出的问题，即一套 300 多

万字的《资治通鉴》平均含有多少信息量。

　　我国常用的汉字（一级、二级国标）大约有 7000 字。 假如每个字等概率，那么我们至少需要 13 个比特（ 8 × 1024 ＞ 7000 ）才能对应地表示一个汉字。 实际上，每个汉字的使用频率不是均等的，使用频率在前 10％ 的汉字占我们常用文本的 95％ 以上。 即使不考虑书中上下文的相关性，只考虑每个汉字的独立概率，每个汉字的信息熵也只有 8 ～ 9 比特。 若再考虑书中上下文的相关性，那么每个汉字的信息熵就只有大约 5 比特。 这里，每个汉字的信息熵是大量统计的结果，与汉字的语义无关，这是香农信息熵的局限性。

　　一套 300 万字的中文书，信息量大约是 1500 万比特。 这里的 1500 万比特仅仅是个平均数，同样字数的书所蕴含的信息量大小可能相差很多。 若一本书重复的内容越多，信息量就越小，冗余度就越大。

　　信息熵是平均的不确定性，是统计的不确定性。 **信息熵越大，意味着不确定性也越大。**

　　譬如，在进行中英文的信息处理时，中文的复杂程度要高于英文，这是因为我国汉字的信息熵相对较大，中文是 9.65 比特，英文是 4.03 比特。 这反映了中文词义丰富、行文简练，但信息处理难度也相对较大。

　　信息熵是随机变量不确定性的度量；它也是在平均意义上描述随机变量所需的信息量。 我们可把充满不确定性的黑匣子叫作"信息源"，它里面的不确定性就叫作"信息熵"，而"信息"就是用来消除这些不确定性的（信息是不确定性的解），所以我们要完全搞清楚黑匣子，所需要的"信息量"就等于黑匣子里的"信息熵"。

　　信息熵，是平均意义上描述随机变量所需的信息量；信息熵越大，则不确定性也越大。

　　著名的量子物理学和现代生物学奠基人欧文·薛定谔在剑桥大学三一学院作《生命是什么》的主题演讲时说："自然万物都趋向从有序到无序，即熵值增

加。 而生命需要通过不断抵消其在生活中产生的正熵，使自己维持在一个稳定而低的熵水平上。 **生命以负熵为生。**"

负熵不是简单的取负号的熵，而是系统有序程度的量度。 负熵的增加意味着事物向着有序的方向迭代发展，是进化的标志。 可见，生命就是能够从周围获取负熵（即获取有序）来维持自身熵平衡的系统。

不管是生命系统还是非生命系统，都有一种自毁趋势——熵增，即从井然有序走向混乱无序，最终灭亡。 其演化原因是一切符合熵增的都更容易实现，譬如懒散，符合最省力原则：自律总是比懒散痛苦、放弃总是比坚持轻松、变坏总是比变好容易。

熵增在我们的生活和工作中的表现有：书桌不收拾就会越来越乱，手机不清理会越来越卡等；随着组织规模的变大，组织架构会变得更臃肿，组织的整体效率、创新能力也会下降。

孤立系统遵循熵增定律，而对于社会、生命等远离平衡态的复杂系统则可以增加负熵从而使之变得有序。 我们每个人活着就要主动地对抗熵增，否则我们的生活和工作就会越来越乱，生命的质量也会持续降低。 就像一个房间，若我们不经常清扫整理，不经常打窗透气，那房间只会越来越混乱，越来越衰败，直到遗弃不用。

所有生命活着的终极使命只有一个，就是对抗熵增这一趋势。

类似地，我们每个人的大脑里，总是装着来去不停的、各种各样的念头。我们内在的念头越有秩序、越有规律，精神熵（内心混乱无序的状况）就越低；反之，精神熵就越高。

我们每个人的幸福感就是内心念头的一种动态的井然有序。 当所有的念头都相互支持，步调节奏一致，充满正能量时，我们就是知足的、快乐的。 若我们内心一片宁静，真正拥抱当下、拥抱现状、拥抱现实的一切，精神熵就会非常低。

幸福是一种选择，是一种可以培养的技能，这源于我们接受现实、活在当下，轻松地以特定的方式诠释事件，保持内心的平和。

我们的一生就是在力所能及的范围内减少无序状态，这是我们的人生责任。掌控自我意识，重塑我们的内心秩序，不为过去忧郁、不为未来焦虑，全心全意地聚焦当下的使命任务，忘我地履行好我们所承担的职责，幸福感就是我们在自我价值实现的过程中所获得的副产品。

平均互信息：两个随机变量的关联程度

世界是普遍联系的，大多数联系都是相关联系，而非因果联系。

因果联系，是一个事件 A 和另一个事件 B 的作用关系，其中，前一个事件 A 被认为是后一个事件 B 的原因，后一个事件 B 被认为是前一个事件 A 的结果。若这两个事件之间有确定的因果关系，这两个事件的信息就是等价的。也就是说，从前一个事件 A 能推导出后一个事件 B，知道了前一个事件 A 就等同于知道了后一个事件 B。

但是，世界上大部分事件之间未必有因果联系，它们之间只是一种动态的、相互关联的关系，譬如前一个事件 A 发生后，后一个事件 B 发生的可能性就增加或减少，这就体现了相关联系。

相关联系指两个事件的相随共变或相随共现的程度，二者在变化趋势上存在某种程度的一致性。若事件之间存在相关联系，则不一定有因果联系；若事件之间有因果联系，则必定有相关联系。相关联系可以作为因果联系的基础，相关联系的深化可以为因果联系提供切入点。

相关联系指两个事件的相随共变或相随共现的程度，二者在变化趋势上存在某种程度的一致性。

相关联系可以强、可以弱，要知道相关程度的强弱，就需要有一个定量指标来衡量，互信息就是这样的指标。我们可以把互信息简单地理解为两个事件的关联程度。若两个事件的相关联系强，则它们的互信息就大；若两个事件的相关联系弱，则它们的互信息就小。

用不确定性的眼光看待世界，用强相关性替代因果关系。

利用互信息，我们可以找到那些靠谱、有价值的信息，过滤掉那些没有任何价值的信息。

互信息是对两个事件相关联系的量化度量。

互信息是在了解某事件的前提下，对消除另一个事件的不确定性所提供的信息量。 互信息给出了一种量化度量各种不同事件相关联系的计算方法。

两个随机变量 X 和 Y 之间的相关程度，用平均互信息表述。 在随机变量的联合集 XY 上，把互信息 $I(a_i;b_j)$ 的概率加权平均值定义为平均互信息，其定义式为

$$I(X;Y) = \sum_{i=1}^{q} \sum_{j=1}^{m} p(a_i,b_j) I(a_i;b_j)$$
$$I(X;Y) = H(X) - H(X/Y)$$

平均互信息 $I(X;Y)$ 就是在收到随机变量 Y 后所能获得的关于随机变量 X 的平均信息量。

平均互信息表征了两个随机变量之间的相关程度，其物理含义是：

➢ 平均互信息＝（先验的平均不确定性）－（观察到随机变量 Y 后，随机变量 X 保留的平均不确定性）；

➢ 平均互信息＝（接收到随机变量 Y 后，随机变量 X 平均不确定性消除的程度）；

➢ 平均互信息＝（接收到随机变量 Y 后，获得关于随机变量 X 的平均信息量）。

只有当 $H(X/Y) = 0$ 时，接收到随机变量 Y 后获得关于随机变量 X 的信息量才等于随机变量 X 中平均每个事件所含有的信息量。

平均互信息具有非负性，当随机变量 X 和 Y 统计独立时，就不可能从一个随机变量获得关于另一个随机变量的信息，此时 $I(X;Y) = I(Y;X) = 0$。

而当两个随机变量 X 和 Y 是对应关系时，从一个随机变量就可以充分获得关于另一个随机变量的信息，即 $I(X;Y) = I(Y;X) = H(X) = H(Y)$。

另外，由 $I(X;Y)$ 的定义式，可得

$$I(X;Y) = \sum_{XY} p(x,y) \log_2 \frac{p(y/x)}{p(y)} \quad 和 \quad p(y) = \sum_X p(x) p(y/x)$$

于是

$$I(X;Y) = \sum_{XY} p(x,y) \log_2 \frac{p(y/x)}{\sum_X p(x) p(y/x)} \cong f[p(x), p(y/x)]$$

由此可知，平均互信息 $I(X;Y)$ 是随机变量 X 的概率分布 $p(x)$ 和条件转移概率 $p(y/x)$ 的函数，即平均互信息只与随机变量的概率分布和条件转移概率有关。

（1）**在条件转移概率 $p(y/x)$ 给定的条件下，平均互信息 $I(X;Y)$ 是随机变量 X 的概率分布 $p(x)$ 的 $\cap$ 型凸函数。**

对于每一个固定条件转移概率，一定存在某一种概率分布，使收信者获得的平均信息量为最大（$\cap$ 型凸函数存在极大值）。

（2）**在随机变量 X 的概率分布 $p(x)$ 给定的条件下，平均互信息 $I(X;Y)$ 是条件转移概率 $p(y/x)$ 的 $\cup$ 型凸函数。**

每一种概率分布都存在一种最差的条件转移概率，使收信者获得的平均信息量最小（$\cup$ 型凸函数存在极小值）。

这两个重要性质是香农三大编码定理的基石。香农根据平均互信息的凸函数性质，定义了信道容量 C 和信息率失真函数 $R(D)$：

$$C = \max_{p(x)} \{I(X;Y)\}$$
$$R(D) = \min_{p(y/x)} \{I(X;Y)\}$$

平均互信息 $I(X;Y)$，是收到随机变量 Y 后所获得的关于随机变量 X 的平均信息量，表征了两个随机变量之间的相关程度。

假设有两个硬币，一个是正常的硬币，它一面是国徽，另一面是面值；另一个是不正常的硬币，它的两面都是国徽。现随机地从两个硬币中摸取一个，抛掷该硬币 2 次。那么，出现国徽的次数对于硬币的识别所提供的信息量是多少?

基本思路:选择硬币类型构成的概率空间为

$$\begin{bmatrix} X \\ p(x) \end{bmatrix} = \begin{bmatrix} a_1 = 0 & a_2 = 1 \\ 0.5 & 0.5 \end{bmatrix}$$

其中 $a_1 = 0$ 表示所摸取的硬币是正常的,$a_2 = 1$ 表示所摸取的硬币是不正常的。则随机变量 X 所提供的平均信息量为

$$H(X) = -\sum_{i=1}^{q} p_i \log_2 p_i = -\frac{1}{2}\log_2\frac{1}{2} - \frac{1}{2}\log_2\frac{1}{2} = 1\,(\text{比特})$$

抛掷 2 次中出现国徽的次数构成的样本空间为 $[Y] = [\,b_1 = 0 \quad b_2 = 1 \quad b_3 = 2\,]$,可得

$$p(b_1 = 0) = \frac{1}{8},\ p(b_2 = 1) = \frac{1}{4},\ p(b_3 = 2) = \frac{5}{8}$$

于是,可以计算

$$p\left(\frac{a_1 = 0}{b_3 = 2}\right) = \frac{p(a_1 = 0)\,p\left(\dfrac{b_3 = 2}{a_1 = 0}\right)}{p(b_3 = 2)} = \frac{0.5 \times 0.25}{0.625} = 0.2$$

$$p\left(\frac{a_2 = 1}{b_3 = 2}\right) = \frac{p(a_2 = 1)\,p\left(\dfrac{b_3 = 2}{a_2 = 1}\right)}{p(b_3 = 2)} = \frac{0.5 \times 1}{0.625} = 0.8$$

以及

$$H\left(\frac{X}{b_3 = 2}\right) = -\sum_{i=1}^{2} p\left(\frac{a_i}{b_3 = 2}\right)\log_2 p\left(\frac{a_i}{b_3 = 2}\right) = 0.722\,(\text{比特})$$

$$H\left(\frac{X}{b_1 = 0}\right) = -\sum_{i=1}^{2} p\left(\frac{a_i}{b_1 = 0}\right)\log_2 p\left(\frac{a_i}{b_1 = 0}\right) = 0\,(\text{比特})$$

$$H\left(\frac{X}{b_2 = 1}\right) = -\sum_{i=1}^{2} p\left(\frac{a_i}{b_2 = 1}\right)\log_2 p\left(\frac{a_i}{b_2 = 1}\right) = 0\,(\text{比特})$$

因此,在随机变量 Y 已知的情况下,随机变量 X 保留的平均不确定性为

$$H\left(\frac{X}{Y}\right) = p(b_1 = 0)H\left(\frac{X}{b_1 = 0}\right) + p(b_2 = 1)H\left(\frac{X}{b_2 = 1}\right) + p(b_3 = 2)H\left(\frac{X}{b_3 = 2}\right)$$

$$= 0.125 \times 0 + 0.25 \times 0 + 0.625 \times 0.722 = 0.4513\,(\text{比特})$$

所以

$$I(X;Y) = H(X) - H\left(\frac{X}{Y}\right) = 1 - 0.4513 = 0.5487 \text{（比特）}$$

随机变量 Y（出现国徽的次数）对于随机变量 X（硬币的识别）所提供的信息量为 0.5487 比特。可见，出现国徽的次数与硬币识别的变化是有关联的，有助于硬币的识别。

平均互信息表征了两个随机变量之间的相关程度，最差的情况就是毫无关联，否则或多或少具有一定的相关联系。

曾经有人问："成功人士在其专业领域所取得的成就与其所接受的博雅教育（譬如音乐、绘画等）之间是否存在相关联系？"从古到今，即使有很多成功人士会演奏乐器，我们也不能说这二者之间就一定存在相关联系。

若我们直接询问各个专业领域的一些成功人士他们是否认为博雅教育有助于提升自己的其他能力素质，那么一定会有人从这两者之间归纳总结出一些相关联系。还记得关于爱因斯坦的各种宣传报道就说他爱拉小提琴，并且水平挺高。但是，我们也不能仅仅通过调查这些成功人士就得出这两者之间的相关联系，这是因为有些人可能做了完全相同的事情却没有获得成功。若不能全面分析成功的以及失败的案例，我们就很难甚至不能确定这两者之间是否存在相关联系。

善用等价信息、相关信息是信息时代我们每一个人都必须掌握的生活和工作技巧。

相对熵：信息误判时的损失

相对熵是关于某事件的两个随机概率分布之间的距离的度量，它对应的是似然比的对数期望，度量的是当真实分布为 $p(x)$ 而假定分布为 $q(x)$ 时的无效性。

$$D(p \parallel q) = \sum_{i=1}^{N} p(x_i) \log_2 \frac{p(x_i)}{q(x_i)}$$

相对熵告诉我们，猜测的情况与真实的情况相差越大，损失就越大。特别是，原来以为的小概率事件若发生了，则损失最大，这就是我们常说的黑天鹅事件。

平均互信息 $I(X;Y)$ 也可定义为联合概率分布 $p(x,y)$ 和乘积概率分布 $p(x)p(y)$ 之间的相对熵。

$$I(X;Y) = D(p(x,y) \parallel p(x)p(y))$$

相对熵是两个随机概率分布之间的距离的度量，对应的是似然比的对数期望。

这里，以第二次世界大战中的真实战例来分析、研究相对熵的意义。

1944 年，英美盟军要从英国出发，横渡英吉利海峡在法国登陆，从西面进攻德国，开辟第二战场。德军就在大西洋沿岸修筑工事，防范英美盟军登陆；而德军在法国前线只有不满员的 60 个师，相比英美盟军的 300 多个师，力量对比悬殊。面对漫长的海岸线，德军只能有选择地重点布防。为此，德军情报部门就想方设法去获取盟军登陆地点的信息。英美盟军对此也是心知肚明，利用信息的可伪性耍了很多花招，譬如故意让德军捕获一些情报，甚至让之前一直统帅美军主力的巴顿将军带领一支比实际登陆部队更大的掩护部队，在加莱对岸的多佛做登陆准备。 另外，英美盟军还在登陆前的空袭中特别规定："盟军空军每向诺曼底投掷一吨炸弹，就向加莱投掷两吨炸弹；每向诺曼底派出一架侦察机，就向加莱派出两架"，然而英美盟军真正的登陆地点是在加莱 300 公里以外的诺曼底。 诺曼底虽然距离英国较远，但优点也不少：一是德军防御相对较弱；二是地形开阔，便于大规模登陆；三是距离法国北部最大的港口瑟堡仅 80 千米。 正如丘吉尔所言："战争中的真理非常宝贵，需要用谎言来守卫。"这些高成本的花费让德军确信了英美盟军登陆的主战场在加莱。 这些情报信息在这场诺曼底战役中的重要性是不言而喻、不可估量的。

虽然，最后德军可能确实相信了英美盟军的假情报信息，加莱被作为重中之重来重点布防——部署在加莱的兵力有 23 个师，但是整个诺曼底战役是英美盟军在第二次世界大战期间阵亡人数最多的一场战役。

为什么英美盟军骗过了德军却还是阵亡人数最多？ 这是因为德军采用了信息论中一个非常好的策略——"最大熵原理"，也就是"不把鸡蛋放在同一个篮子里"，德军在诺曼底也进行了严密布防，部署了 6 个师加 3 个团。 因此，德军在得到英美盟军登陆目标信息前和信息后，其策略行动差别不大。

我们可用 $p(x)$ 表示随机变量 X 的概率分布。 假设盟军登陆地点的两种可能性是：诺曼底＝0.8，加莱＝0.2，则其概率空间为

$$\begin{bmatrix} X \\ p(x) \end{bmatrix} = \begin{bmatrix} 诺曼底 & 加莱 \\ 0.8 & 0.2 \end{bmatrix}$$

若盟军登陆地点的可能性有 3 个，则其概率空间为

$$\begin{bmatrix} X \\ p(x) \end{bmatrix} = \begin{bmatrix} a_1 & a_2 & a_3 \\ 0.5 & 0.3 & 0.2 \end{bmatrix}$$

用 $p(x) = (0.5, 0.3, 0.2)$ 来分别表示 a_1、a_2、a_3 这三个登陆地点的可能性，原则是所有概率之和等于 1。

当然，由于德军不知道盟军的真实意图，只能猜测，这就有可能出现偏差。 这里，我们假设德军猜测的结果是 $q(x)$，通常 $q(x)$ 不会正好等于 $p(x)$，

譬如是（0.2，0.8），正好把两个概率猜反了，即

$$\begin{bmatrix} X \\ q(x) \end{bmatrix} = \begin{bmatrix} 诺曼底 & 加莱 \\ 0.2 & 0.8 \end{bmatrix}$$

此时，德军因为信息偏差带来的损失是多少呢？利用相对熵公式可得

相对熵＝（诺曼底登陆的真实概率）×$\log_2$（诺曼底登陆的真实概率/诺曼底登陆的猜测概率）＋（加莱登陆的真实概率）×$\log_2$（加莱登陆的真实概率/加莱登陆的猜测概率）

即

$$D(p \parallel q) - \sum_{i=1}^{N} p(x_i) \log_2 \frac{p(x_i)}{q(x_i)}$$

$$= 0.8 \log_2 \frac{0.8}{0.2} + 0.2 \log_2 \frac{0.2}{0.8} = 1.2（比特）$$

信息偏差带来的损失就是 1.2 比特。信息的度量是对数函数，信息偏差为 1，实际上信息量就相差了 2 倍。德军虽然猜错了，但是他们没有孤注一掷，没有完全从诺曼底撤防，给盟军造成的损失也很大。

相对熵告诉我们，猜测和真实情况相差越大，损失就越大。特别是原来以为的小概率事件若发生了，则损失最大，这就是我们常说的黑天鹅事件。

根据相对熵的理论意义以及对实际案例的具体分析，我们可以得到三个更令人深思的启示。

（1）若我们的猜测和真实情况完全一致，则我们的信息偏差损失为零，即没有任何损失。 假设德军猜的结果也是（0.8，0.2），则信息偏差损失就是 0。

只要我们的猜测和真实情况不一致，就会或多或少有些损失。 假设德军猜的结果是（0.5，0.5），则信息偏差损失就是 0.28 比特。

我们的猜测和真实情况相差越大，损失就越大。 假设德军猜的结果是（0，1），则信息偏差损失就是无穷大。

信息偏差损失（相对熵）可以衡量两个随机概率分布事件之间的距离，当两个事件随机概率分布的差别增大时，它们的信息偏差损失也会相应增大。

（2）"黑天鹅事件"，就是我们认为的小概率事件发生了，损失是最大的。特别是在最极端的情况下，我们该考虑的事情完全未考虑，最后又发生了，则损失会无穷大。

战争中，交战双方不仅想方设法把自己的真实意图隐藏起来、"难知如阴"，而且会对作战过程中存在的各种可能性，尽可能考虑周全。

《孙子兵法》讲："夫未战而庙算胜者，得算多也；未战而庙算不胜者，得算少也。多算胜，少算不胜，而况于无算乎！"其核心意思就是，开战之前若进行"庙算"，充分估量有利条件和不利条件，开战之后就往往会取得胜利；开战之前未能进行周密"庙算"的，开战之后就往往会失败，更何况开战之前根本没有"庙算"的呢？战前没有"庙算"，就相当于把很多可能发生的事件的概率值都默认成了零。

名将威灵顿公爵在滑铁卢战役中打败了法国伟大的军事家、政治家拿破仑，他自知自己在军事上比不过拿破仑，甚至比不过当时很多人，因此，他在每次战役之前都做充足准备。战争史上，那些骄傲自满的人往往都是因为遗漏了原本应该考虑的事件——战前没有"庙算"，而吃了败仗。

著作《山的那一边》中有个精彩的故事：威灵顿公爵和海军部长克罗科尔一起旅行，由于旅途漫长而无聊，两人就以猜测山的那一边是什么地形来打发时间，威灵顿公爵屡猜屡中，克罗科尔非常惊讶。威灵顿公爵就对他说：**"你知道这是为什么吗？为了猜测山那边的情况，我付出了一生的精力。"**

猜"山的那一边"的含义是什么？在博弈上就是指分析和判断博弈对手的各种情况，对博弈对手有透彻的了解，从而做到"知己知彼，百战不殆"。

（3）在现实中，我们若患得患失，过分防范各种可能性事件的发生，其成本是很高的；另外，我们若强制将一些可能性事件的概率设成零，其损失可能也是巨大的，而且是补不回来的。

我们假设德军过分防范，认为盟军登陆地点有 4 个，其概率分布为（0.25，0.25，0.25，0.25），则信息偏差带来的损失为 1.28 比特，这与概率分布（0.5，0.5）所带来的信息偏差损失 0.28 比特相比，值不算小。可见，没有任何依据地随意猜测造成的损失是巨大的。

从事人工智能研究的学者都有这样一个经验：没有走到最后一步，最好多保留一些可能性，宁愿将那些可能性的权重设得非常低，也不要过早地硬性做决定；若把这些权重设为零，那么硬性决定后，失去的信息是永远也补不回来的。

我们的生活、工作也是类似的，譬如本科教育，不能仅仅只进行专业教育，还要多进行些通识教育，而这就是尽可能地避免由于过早地开始硬性决定所带来的损失。

当然，对于那些可能性不大的事件，在有所防范、有所警醒的同时，不要平均分配资源和力量，要有所取舍，避免防范过度导致成本过高。

如何把资源和力量分配给那些虽然没有发生却又不能排除可能性的事件？原则就是从所有预见到的事件中拿出很少很少的资源和力量分配给没有预见到的事件。这样，没有预见到的事件即使发生了，我们也不会因信息误判而遭受巨大的信息偏差损失，这就是"防患于未然"。

香农编码定理：揭示"通信"的基本规律

控制论的创始人维纳提出："所有科学，尤其是社会科学，压根研究的就都是通信，而且其统一的概念就是'信息'。"

通信的实质就是信息的传输。通信的根本问题是：将信源的输出经信道传输在接收端精确地或近似地重现出来。香农一针见血地指出，**通信的问题可以分解成两个问题：信源编码和信道编码。**

信源编码就是尽可能高效地表示信源，即数据压缩；而信道编码则是尽可能高效地让数据可靠无误地通过信道。

香农的三大编码定理从理论上揭示了通信过程的基本规律和能力，澄清了我们关于信息传输的有效性和可靠性存在不可调和的矛盾的误解。香农指出：对于任意给定的有噪信道，至少存在一种复杂的编码方法可以使信道的信息传输速率无限逼近信道容量（信道所能传输的最大信息量）而同时保证传输差错率达到任意小。

香农的三大编码定理对于信息时代所起的作用堪比牛顿力学定律之于工业时代。

通信的实质是信息的传输。

香农的三大编码定理从理论上揭示了通信过程的基本规律和能力。

香农第一定理（无失真信源编码定理）是通过有效性编码来压缩冗余，解决通信中信源的压缩问题，是语音、图像和视频压缩的基本定理。

香农第一定理给出了平均码长与信息熵的关系：

$$\frac{H(S)}{\log_2 r} + \frac{1}{N} > \frac{\overline{L_N}}{N} \geq \frac{H(S)}{\log_2 r}$$

其指出，可以通过编码达到平均码长的极限值，从而提高信息传输效率。 这是一个很重要的极限定理。

若编码的平均码长小于信息熵，在译码或反变换时必然会带来失真或差错。 通过对扩展信源进行变长编码，当 $N \to \infty$ 时，其平均码长可达到下限值。这是利用增加编码的复杂性来换取平均码长的减少。

香农第一定理为无失真信息压缩指明了方向：**"大概率事件对应短码，小概率事件对应长码。"**可以将任何形式的原始信息都转化为一种新的编码符号，并使这种新的编码符号具有尽可能短的平均编码长度，同时完整地保存所有原始信息。

减少平均码长所付出的代价是增加了编码的复杂性。 在需要恢复原始信息时，可以采用和编码逆向的操作过程（解码）来准确无误地恢复。

香农第一定理给无失真信息压缩划定了一个极限。 若想不丢失任何信息，无论采用什么样的编码都不可能将信息压缩到小于信息熵的程度。 这个信息熵就如同物理学中的光速和绝对零度一样，是一条不可逾越的极限。 从事信息通信技术工作的人，应该懂得不要把精力浪费在试图突破这个极限上。

香农第一定理的核心思想："大概率事件对应短码，小概率事件对应长码。"

在解决了信息的有效编码，或者说信息的压缩之后，信息存储和传输的效率就能得到极大的提高，但是如何保证信息在传输时不出错，这个问题还没有得到有效的解决。 这就要靠香农第二定理（有噪信道编码定理）了。 香农将通信的理论基础置于噪声信道之上，这样就彻底解决了通信的数学理论问题。特别是，香农对信道容量和信道带宽的意义描述，让**"拓展带宽"**这个概念成为信息时代的新理念、新思维，广泛地应用于各行各业。

$$C = B \log_2 (1 + S/N)$$

式中，C 表示信道容量，B 表示信道带宽，S/N 表示信噪比。

对于容量为 C 的噪声信道，可以通过可靠性编码来降低传输差错概率。只要信息传输速率 R 小于或等于信道容量 C，就存在一种编码方法，当平均码字的长度足够长时，编码传输的差错概率就可以任意小；也就是说，在任何信道中，信道容量都是可靠传输的最大信息传输速率。反之，若 $R>C$，则无论编码多复杂、码字长度有多长，都不可能保证信息传输差错概率任意小。

香农第二定理为我们划定了信息通信技术的另一个极限，这个极限就如同热力学第二定律给蒸汽机和内燃机效率所划定的极限一样，不可逾越。在香农提出这个定理之前，我们由于不知道信息通信的极限在哪里，无形之中做了一些试图超越"信道容量"这个极限的事情，结果就是通信探索的失败。

香农第二定理启示我们：**若要超越信道容量来传输信息，无论怎样编码，我们出错的概率都是 100％。** 若先天的信道容量不足，解决方法之一就是拓展信道容量 C，这是今天我们所有人都需要做的事情；解决方法之二就是降低信息传输速率。

在香农提出他的第二定理之后，我们人类就开始有意识地不断扩展信道带宽，增大信道容量。

互联网高速发展的各个阶段本质上是建立在不断拓宽带宽的基础之上的。我们使用互联网，从电话调制解调器到 DSL（数字用户线路），再到宽带电缆，最后到光纤，这些技术都是围绕着不断增加信道容量而进行的。信道容量越增加，信息传输速率就越得以提升。我们才能从简单浏览文字到查看图片图像，直至能够观看动态视频，乃至欣赏高清视频。移动通信也是如此，从 1G 大哥大手机到今天的 5G 手机，本质的区别在于通信的带宽不断增加。具体来讲，如今的移动通信比之前的带宽增加了 10 万倍都不止，这才让我们能够在手机上做越来越多、越来越复杂的事情。

香农第二定理是通过可靠性编码，解决通信中数据能够在特定信道中传输的最大值（信道容量）的问题。它给我们指明了增加信道容量的两个途径，即**增加频率范围（也就是带宽 B）和增加信噪比 S/N。**

若要超越信道容量来传输信息，无论我们怎样编码，其出错的概率都是 100％。

"拓展带宽"来增加信道容量的理念，已成为信息时代的新思维。

香农第一定理（无失真信源编码）是对信源输出的信息进行有效的表示；香农第二定理（有噪信道编码）是增加信息的冗余度，以对抗信道中的传输错误。 这两个定理的努力都是为了保证信息的可靠、有效传输，是保熵的！

是否所有的信源都要进行保熵的编码呢？ 香农第三定理（限失真信源编码定理）告诉我们：**只要码长足够长，总可以找到一种信源编码，使编码后的信息传输速率略大于信息率失真函数，而码的平均失真度不大于给定的允许失真度。**

若已经将信息压缩到了极限，却依然无法满足存储或者传输的要求怎么办？ 要想进一步压缩，我们就不得不丢失一些次要信息，以保证有更高的压缩比。

我们通常会预设一个信息的失真度，然后看看在这样的失真度下，能将压缩比提高多少。 当然，也可以预设压缩比，看看能让失真度降到多低。

今天各种图像、视频的压缩标准都是根据不同的应用场景，在失真度和压缩比两个维度中，选择一个维度进行优化。 譬如，用手机传输视频或者图片，压缩比需要很高，这个前提不能变，而各种技术的改进就围绕着如何降低信息的失真度来展开。

香农第三定理是通过有效性编码来进一步压缩冗余，解决在允许一定失真度的情况下的信源编码问题。

香农的三大编码定理揭示了通信的基本规律，为信息传输和存储奠定了坚实的理论基础，为信息通信产业指明了发展方向。 它描述了自然界本身所固有的规律性，给我们的生活、工作带来了新思维，这也是它很容易应用于通信以及通信之外的原因。

现代信息通信技术的本质，就是以更低的成本让我们拓展带宽，获取、传输、处理、利用更多的信息。

我们组织的扁平化管理本质上就是对香农第二定理的应用，以保证一定带宽内的高效沟通，或者利用科技手段增加带宽（信息高效传递）。 另外，除了组织的内部管理外，组织的外部推广协调本质上也是增加对外沟通的带宽。

带宽是由双方的互信息决定的；在商业上，它就是双方的信任。 我们常说"做生意要靠人脉"，其实这个人脉就是我们人与人交往的带宽。 市场上买卖双方彼此认可，卖家传递的信息和买家认可的信息一致，则互信息就高、带宽就大，生意就容易做成。 若买家不认可卖家，互信息就为零，两者之间就没有沟通的带宽，生意就难以做成。 若我们的人脉不够，自己发出的信息和获得的信息都很有限，那么我们的生意就难以做大。

现代信息通信技术的本质，就是以相对低廉的成本让我们"拓展带宽"（获得人脉）。

我们常说的互联网思维不是简单地把东西放到网上，而是要从互联网的角度去想问题。 互联网的本质是信息传输，信息传输自有它的规律，香农的三大编码定理就是其基本规律，遵守这些规律就会发展得越来越顺利。

信息传输可以改变我们个体的思维方式，进而改变我们个体的行为方式，最终改变我们组织的行为方式。

在科技史上，几乎所有的数学理论和实验科学的理论都是在实践中慢慢形成的，而且这个过程通常历经几代人甚至几个世纪。

香农的三大编码定理的革命性在于它开创了我们人类对信息传输的认知的先河，回答了我们从未思考过的问题。 三大编码定理相辅相成、相互联系，结合起来就构成了现代信息通信技术的基础理论，一经问世，便已经是成熟而完整的理论体系。 今天乃至未来，我们都是在香农指明的方向和划定的边界内把事情越做越好。

博弈的规则

"人生是永不停息的博弈过程，博弈意味着通过选择合适的策略达到合意结果。 作为博弈者，最佳策略是最大限度地利用游戏规则；社会的最佳策略是通过规则引导社会整体福利的增加。 人们的工作和生活可以看作是永不停息的博弈决策过程。"

——博弈论的创始人冯·诺依曼

博弈就是交互式决策。 博弈论就是研究交互式决策的理论和方法。

"人生如棋局局新，世事皆弈场场博。"博弈是有规则的，博弈参与者若想赢，就得遵守共同认可的博弈规则。

博弈规则是博弈参与者、博弈策略、博弈收益（支付函数）和博弈信息的集合，是每个博弈参与者工具箱里的关键工具，类似于博弈算法。

博弈的科学就是我们在面对不确定性的时候，善用博弈规则、理性思维，最大限度得到我们想要的博弈收益。

博弈论最重要的问题就是寻求博弈的稳态结果。 学习博弈论首要学习的是博弈规则，**要善用博弈规则的确定性来应对博弈结果的不确定性，最大化我们的博弈收益。**

博弈的本质：交互式决策

博弈，这是一个热得烫手的概念。 博弈论就是研究博弈的理论。 通过对博弈的理论研究可以提升我们的博弈能力。 博弈论在经济学中的地位就像 18 世纪的牛顿力学定律在物理学中的地位。

自 1994 年诺贝尔经济学奖第一次授予研究博弈论的科学家以来，近 20 多年的诺贝尔经济学奖大部分都颁给了那些研究博弈论的科学家。 这表明博弈论既具有"单纯的内在美"理论价值，又具有极大的实际应用价值。

诺贝尔经济学奖获得者保罗·萨缪尔森说：**"博弈让人们懂得如何应对这个纷繁多变的世界。 要想在现代社会中做一个有文化的人，就必须对博弈论有大致的了解。"**

博弈论是研究交互式决策的理论，是互动决策下的理性行为科学，是研究人类现象的一个基本框架和一般性方法，对整个社会的洞察力非常令人震撼。 博弈论最大的价值是让博弈参与者对所参与的博弈具有先知先觉，为改变博弈结果提供科学方法。

国际知名院校在经济学博士的培养中都把博弈论的研究作为重要内容。 翻开当今国内外顶尖的经济学杂志可以发现，只要涉及微观经济或制度设计的研究，必然与博弈论相关。

博弈论是研究互动决策的理论，是互动决策下的理性行为的科学，是研究人类现象的一个基本框架和一般性方法，对整个社会的洞察力非常令人震撼。

在博弈过程中，博弈参与者做决策时，一定要考虑到其他博弈参与者的决策，这是因为博弈的结果不仅依赖于博弈参与者自己的决策，还与其他博弈对手的决策有关。 博弈的这种思想在很大程度上改变了我们认识世界的角度。

在日常生活、工作中，我们总是自觉或者不自觉地使用博弈的思想处理问题。可以说，博弈在我们的工作和生活中无处不在。在工作中，我们和自己的领导博弈，也和自己的部属博弈，也同样会跟其他人员博弈；在生活中，博弈也无处不在，即使夫妻二人也存在着博弈。

我们的人生充满博弈，若想在信息社会做一个强者，就必须懂得博弈的运用。博弈是智慧的较量，博弈的应用是无处不在、无时不有的，因此博弈论也体现了其理论价值。

只要有利益冲突的地方，就会有博弈存在。

著名经济学家亚当·斯密提出，博弈是个体参与者从各自的动机出发而发生相互作用的一种状态。我们可以认为博弈是指代表不同利益的博弈参与者在一定的规则约束下，同时或先后，一次或多次，从各自的策略行动集中加以选择并实施，从而取得博弈收益的交互式决策活动。

决策是我们人生最大的智慧，在互动局势下如何选择最优策略是我们普遍关心的问题。在现实中，我们的利益冲突与合作具有普遍性，都带有相互竞争与互动的性质，几乎所有的决策问题都被认为是一场博弈。也就是说，无论我们是否知道博弈论，我们都常常在与他人进行着一场又一场的博弈，整个社会都处于博弈之中。

博弈是博弈参与者在一定规则的约束下，根据自己掌握的信息，同时或先后，一次或多次，选择策略行动并加以实施，从而获得博弈收益的过程。

"要想赢得生意，不可不学博弈论；要想赢得生活，同样不可不学博弈论。"

我们学习了解一些博弈论知识，就仿佛同时获得了一盏指路明灯和一张人生蓝图，能够同时看清当下和未来的路；这不仅能让我们在参与的博弈中收益最大化，还能陶冶情操，让我们的人生更积极主动、生活更美好、事业更发达。

诺贝尔经济学奖得主罗杰·梅尔森说："我们的生活就是博弈论。数学推理是为了解决人们生活中的问题。任何的竞争，我们都可以采用博弈论。"

从博弈论的角度看，我们人类社会出现的所有问题都可以视为"博弈"。

博弈的思想古已有之、源远流长。战争理论领域的巅峰之作《孙子兵法》论述的军事思想就充分体现了博弈思想和博弈智慧。譬如，"知彼知己，胜乃不殆；知天知地，胜乃可全""围师遗阙，穷寇勿拍""利而诱之，乱而取之；敌虽众，可使无斗"……。

我国古典著作《战国策》《史记》《三国演义》等都蕴含着丰富的博弈思想，譬如《田忌赛马》《围魏救赵》《空城计》《华容道》等故事，都非常符合博弈的结构和思维，是对博弈策略的高超运用，起到了点石成金的作用。

用博弈论来分析众所周知的《田忌赛马》故事：孙膑给田忌出谋划策"用上等马对齐王的中等马，用中等马对齐王的下等马，用下等马对齐王的上等马"的策略是否是最优，是有前提假设的，即齐王会按照上等马、中等马、下等马的出场顺序来赛马；若齐王的策略（马的出场顺序）发生变化，则这个策略就不是最优策略。另外，我们还可更进一步分析，若齐王的策略（马的出场顺序）始终不变，则《田忌赛马》的故事中就不存在交互式决策（博弈）。

我们耳熟能详的《围魏救赵》故事充分说明了交互式决策中战争双方的策略思维，即**"正向展望，逆向推理"**。战国时（公元前 353 年）魏军围攻赵国都城邯郸。赵国急难中求救于齐国。齐国令田忌为将、孙膑为军师率军救赵，当齐军进入魏、赵两国交界之地时，田忌想直逼赵国都城邯郸，孙膑劝说："解乱丝结绳，不可以握拳去打，排解争斗，不能参与搏击，平息纷争要抓住要塞，乘虚取势，双方因受到制约才能自然分开。"于是，齐军趁魏国都城兵力空虚，引兵直攻魏国。魏军回救，齐军趁其长途疲惫，以逸待劳于中途，打败了魏军，齐军大胜，赵国都城之围得以解除。

　　齐国决定救赵之时，齐军实力弱于魏军，而短时间内不可能改变现有的实力，齐军要想取得救赵的胜利，就只有靠决策之道，深刻识别、分析、解决敌我双方的问题，以及如何充分利用机会进行决战，而问题的关键就在于改变对局的策略。齐将田忌、孙膑采用"正向展望、逆向推理"的策略思维，绕开问题的表象，抓住问题的本质，以看起来舍近求远的方法，从事物的本源上去解决问题，决定攻打魏国而解赵国都城之围，最终取得战争的胜利。

　　"正向展望"就是齐军在决策行动之前预测魏军可能会采取什么行为，以及这种行为会带来什么样的相应结果。这就像我们弈棋，每走一步，都要去猜测对手下一步会如何走。而"逆向推理"就是齐军先得明确最后要达到的目标是什么，即解赵国都城之围，然后从这个最终目标倒着往后推，一步一步地确定博弈策略。

　　"正向展望"能帮我们列举未来所有的可能性；"逆向推理"能帮我们从目标出发，找到博弈过程中的最优策略。"正向展望，逆向推理"这个策略思维能帮我们理解、分析和解决很多复杂的问题。

　　"凡事预则立，不预则废。"这句话一定程度上也体现了"正向展望，逆向推理"的思想。

**　　"正向展望"是博弈参与者对未来各博弈阶段进行精准预测的过程；"逆向推理"是博弈参与者通过对未来的推演，反过来确定自己当前理性行为的过程。**

我国传统文化经典充满智慧与奇谋妙计的博弈策略思维：

《易经》："天行健，君子以自强不息；地势坤，君子以厚德载物。"

《尚书》："有容，德乃大。"

《论语》："己所不欲，勿施于人。"

《菜根谭》："天地本宽，而鄙者自隘。"

……

　　《易经》是我国最古老的一部博大精深的经典，被誉为群经之首、大道之源，是中华传统文化的基础。孔子整理《易经》之后给出评语："洁静精微，易之教也。""洁静"是说学了《易经》后，我们的思想、情绪是非常清洁而宁静的；"精微"是说学习《易经》需要科学的态度、冷静的头脑。

　　《易经》是人生的必修课。古人说"不读《易》不可为将相"，就是说不学《易经》的人是不能做一个很好的宰相，也不能做一个很好的大将的，可见古人高度推崇《易经》。

　　《易经》包括"理、象、数"三个要点。

　　"理"是哲学思想的范畴，探讨形而上、形而下的能变、所变与不变之原理。

　　"象"是从错综复杂的现象中寻求万事万物变化的规则。

　　"数"是量化描述万事万物的变化程度；由形而下的数理，演绎推详变化过程，得知人与万事万物的前因与后果；反之也可由数理的归纳方法，了解形而上的原始之本能。

　　"理"是属于哲学层面的，万事万物都有自己的理，也有自己的"象"；反过来，任何一个现象也一定有自己的"理"和"数"。也就是说，万事万物都有自己的"理"、自己的"象"和自己的"数"。

　　完整的易学必须"理、象、数"三位一体，由"象、数"科学的基础而通达到"理"这个哲学的最高境界，教我们知变与适变。知变是"理、智"的结晶，适变是"象、数"的明辨。

　　看不懂《易经》的人，说它是有字天书；略知一二的人，觉得它玄妙无比，深感敬畏；真正了解它的人，认为它博大精深，对它爱不释手，随时向它请益人生的各种问题，增长自身的处世智慧。

　　《韦编三绝》的故事说，孔子晚年喜研《易经》，常常翻阅，甚至数次翻断了编竹简的绳子。"闲坐小窗读周易，不知春去已多时"，国学大师南怀瑾也曾告诫说，晚上千万别读《易经》，不然一下就天亮了。这足见《易经》智慧的广博。

"天行健，君子以自强不息；地势坤，君子以厚德载物。"《易经》蕴藏着天地运行之规律，其核心三卦是"自强不息——乾卦；厚德载物——坤卦；非吉则利——谦卦"。

《易经》启示我们人生的正途：**培养品德，增强能力，启发智慧。** 把握这三点核心要义，人生主动权就操之在我，从而可以履行好担负的使命、规划好发展的道路，使生命充实而有意义。

著名心理学家卡尔·古斯塔夫·荣格说："如果人类世界有智慧可言，那么中国的《易经》应该是唯一的智慧宝典。 我们在科学方面所得的定律，十之八九都是短命的，只有《易经》沿用几千年，至今仍有价值。"《易经》几千年一以贯之的存在，这是人类哲学史的奇迹。

《易经》启示我们人生的正途：培养品德，增强能力，启发智慧。 把握这三点，人生主动权就操之在我，从而可以履行好担负的使命、规划好发展的道路，使生命充实而有意义。

真正把博弈当作学科来研究的当属著名数学家冯·诺依曼（**现代电子计算机之父**，开创了现代计算机理论，其体系结构一直被沿用至今）。 他利用简化版的双人扑克模型，深入研究扑克游戏，提出了著名的"最大最小"问题并加以数学证明，也就是"零和博弈"。 在零和博弈中，胜者的收益等于输者的损失，每名博弈参与者都要争取自己的收益最大化、对手的收益最小化。 譬如玩扑克游戏时，博弈参与者会根据自己手中的牌猜测博弈对手的牌，然后选择获胜概率最高的打法，最大化自己的博弈收益。 虽然我们起牌有运气的成分，但决定输赢的最终还是我们的判断和决策。 也就是说，每个博弈参与者都无法保证自己只起好牌不起烂牌，但是博弈高手知道好牌该怎么打、烂牌又该如何打，这体现了博弈参与者的互动决策功底。

冯·诺依曼在研究扑克和其他游戏的数学结构时意识到，这些游戏中的理论可以应用到经济学、政治学、外交政策、军事斗争和其他领域中，他把该理论定义为博弈论(Game Theory)。

1944年，冯·诺依曼和经济学家奥斯卡·摩根斯坦合作出版了《博弈理论与经济行为》一书，使博弈的理论和思想进入经济学领域，标志着现代博弈论的正式形成。该书被称为"20世纪前半期最伟大的科学成就之一"，这也奠定了冯·诺依曼"博弈论之父"的地位。

冯·诺依曼认为："人生是永不停息的博弈过程，博弈意味着通过选择合适的策略达到合意结果。作为博弈者，最佳策略是最大限度地利用游戏规则；作为社会，最佳策略是通过规则引导社会整体福利的增加。人们的工作和生活可以看作是永不停息的博弈决策过程。"

日常生活中，两个相向骑自行车的人往往容易撞到一起。这是因为两人都不知道对方会不会躲、对方躲的话会往哪边躲，自己也不知道该往左还是该往右，犹豫之间就可能撞到一起。通常情况下，自行车相撞不会有太大麻烦，但是如果汽车、马车出现类似情形，就可能发生伤亡事故。这种交通博弈可通过强制性的规定——都靠左行或都靠右行——来解决。不过，我们打电话时可能会遇到打到一半突然断线的情况，此时我们该怎么办？

假如甲正在和乙通话，电话突然中断了，而通话内容还没说完。这个时候，甲有两个选择，马上打给乙，或等待乙打过来；类似地，乙也有两个选择。但是，若甲打给乙时，乙也在打给甲，那么甲、乙就都只能听到忙音。另一方面，若甲等待乙先打电话，而乙也在等待甲先打电话，那么甲、乙的通话就没办法继续。

成功的决策者往往能觉察到在什么情况下不采取行动才是正确的选择。

谁避免意外付出的成本最低，谁承担的责任就最大。

遇到这种通话断线情况，我们可根据著名的科斯定理："谁避免意外付出的成本越低，谁的责任就越大。"采用"谁先发起通话谁先打电话"的原则，即断线后由先发起通话者，先拨打对方的电话，接通后继续通话。 另外，高速行驶中，前车急刹发生追尾事故，而追尾的主要责任却是后车，这是因为后车只要保持必要距离（成本最低的做法）就可避免追尾事故。

这些都是我们日常生活中的大大小小的博弈，需要我们及时做出决策，选择合适的策略从而得到合意的结果。 博弈能让博弈参与者多劳多得，能让有限的资源得到合理分配，能让互相制约中的博弈参与者合作共赢。

世事如棋局，人生无处不博弈，唯善弈者，方能游刃有余。

"人生如棋局局新，世事皆弈场场博。"

我们选择策略、采取行动的时候，总是把别人的策略行动都考虑在内，这就是博弈思维。

经济学史上有三次伟大的革命，它们分别是边际分析革命、凯恩斯革命和博弈论革命。

博弈论是在利益与冲突中做出决策的理论；是在追求博弈参与者个体利益最大化的前提下，研究博弈过程中各方策略相互依存的最佳交互决策模式。 当今，世界政治局势之所以错综复杂，斗争激烈，其关键就是利益和冲突。 博弈论为我们提供了一种解决问题的新理论、新方法，目前已发展为应用到经济学、政治学、军事、外交和其他领域中的跨学科通识。

博弈论的精髓在于它丰富的思想内涵，社会和时代的发展为博弈论不断注入新的思想和新的方法，使它显示出强大的生命活力。

博弈论研究的是多人互动决策问题。

决策论研究的是单人决策问题，着重分析决策者面临不确定性时将如何做出决策，其决策不受他人的策略选择影响；当决策者的偏好和策略空间都给定时，一般就能确定决策者的最优策略。

了解、掌握博弈论，不仅能提高日常合作的成功率，还能带动、催发整个

组织的转变，让组织更加和谐、更加高效、发展得越来越好。 事实上，我国著名哲学家老子 2500 年前就在《道德经》中指出，一个优秀的人就能够改变整个世界："修之于身，其德乃真；修之于家，其德乃余；修之于乡，其德乃长；修之于国，其德乃丰；修之于天下，其德乃普。 故以身观身，以家观家，以乡观乡，以天下观天下。 吾何以知天下之然哉？ 以此。"

博弈的假设和要素：思想的浓缩

诺贝尔经济学奖得主罗伯特·约翰·奥曼认为："博弈论就是研究互动决策的理论，即各行动方的决策是相互影响、相互作用的，每个人在决策的时候，必须将他人或对手的决策纳入自己的决策考虑之中。同理，也需要把别人对自己的考虑纳入考虑之中。在进行如此多重考虑的情形下，最终选择最有利于自己的策略。"

博弈论是研究理性人在互动的环境下如何决策，为互动决策提供了一个分析框架。博弈论把小到喝酒时的划拳游戏、大到国家之间的战争等每一种交互式决策的情形都视为一个博弈；把参与交互式决策的当事者，无论是个人还是组织，都称为博弈参与者；然后分析研究博弈参与者如何进行互动决策，从而预测博弈的收益如何。

科学理论的构建都有基石假设，博弈论作为一门科学理论，也有着特色鲜明的假设：**博弈参与者都是理性的。**

博弈参与者都是理性的，是指**每个博弈参与者的认知和行为都是理性的。**每个博弈参与者的基本出发点都是为自己争取最大利益，每个人在决策的时候，都会选择能给自己带来最大利益的那个策略行为；每个博弈参与者都知道自己想要什么，并且对自己想要的东西有一个明确的排序，追求物质、精神等利益的最大化；每个博弈参与者都知道自己的行动是在一定的规则之下去争取自己想要的东西，其决策行为在逻辑上没有任何矛盾。

博弈参与者都是理性的，是指每个博弈参与者的认知和行为都是理性的。

每个博弈都是基于博弈规则而展开的，这组博弈规则包括如下四个基本要素：

> ➤ "谁"在参与——两个或多个博弈参与者；

> ➤ 以何种方式参与——每个博弈参与者所采取的策略行动；

> ➤ 博弈参与者会得到（或失去）多少——博弈收益；

> ➤ 可以利用哪些博弈信息来采取相应的策略行动。

一、 博弈参与者

博弈参与者是指博弈中的决策主体，其目的是通过选择策略以最大化自己的收益函数。 博弈参与者可以是自然人也可以是组织或法人，如个人、组织、国家、地区、社团、企业等。

那些不做决策，或者虽做决策但不直接承担决策后果的，都不是博弈参与者，只能当作博弈的环境参数来处置，譬如站在边上出谋划策的看牌人、看棋人，以及组织的顾问等。

博弈参与者是整个博弈过程的发动者、驾驭者和控制者。 博弈参与者的决策最核心的是必须有可供选择的策略空间和一个与之对应的、很好定义的博弈收益（收益函数）。

虚拟参与者（自然）是研究单人博弈的重要假定，决定博弈的外生随机变量的概率分布。 譬如，投资决策中，一项投资最终能否获利，不仅取决于投资者的决策，还取决于投资者无法控制的随机因素，这个随机因素就是我们常说的"谋事在人，成事在天"的"天"。 这里的"天"也就是"自然"，自然这个虚拟的博弈参与者与一般参与者不同，它没有自己的收益和支付函数，即"自然"这个虚拟参与者不是为了某一目的才采取策略行动。

博弈参与者用 i 表示，博弈参与者集合用 I 表示，即 $I=\{1,2,\cdots,i,\cdots,n\}$ 表示该博弈中共有 n 个参与者。 为了方便讨论，把某个博弈参与者 i 之外的其他参与者称为 i 的对手，用 $-i$ 表示；N 代表自然。

二、 博弈策略

博弈策略是博弈参与者的决策内容，是博弈参与者的一个完整的相机行动方案，是指博弈参与者进行决策时可以选择的方法或做法。

策略与行动是两个不同的概念：策略是行动规则而不是行动本身，是对行动的预想；行动是具体的做法，是博弈参与者在博弈的某个时点上的决策变量。

策略作为一种行动规则，需要具有完备性，也就是说，**策略要给出博弈参与者在每一种可能情况下的相应规则和行动选择。**

静态博弈中（同时行动，或后行动者不知道先行动者的行动），策略的选择就是行动的选择，策略和行动就是等同的。行动是可观察的，策略却是不可观察的。我们可以看到博弈对手怎么做，但是不一定知道博弈对手是怎么想的。据说一位著名主持人为活跃现场气氛，随机问一个小男孩："如果你是一名机长，你驾驶的飞机在半空中忽然没有油了，你怎么办？"小男孩脱口而出："我马上跳伞，离开飞机。"节目现场的人听了后都哄堂大笑。主持人本来也准备笑了，但是他忽然注意到小男孩眼中闪闪的泪光和悲悯，接着小男孩说出了震撼心灵的一句话："我要去拿油回来！"这时，全场的人都陷入了沉思。由此可见，根据一个人的行动来推测一个人的策略有可能是错的。

博弈中有两种策略概念：一种为纯策略，另一种是在纯策略基础上形成的混合策略。

纯策略简称策略，是指博弈参与者在博弈中可以选择采用的行动方案，是博弈参与者在给定信息结构的情况下的行动规则，它规定了博弈参与者在什么情况下该如何行动，因而**一个纯策略是博弈参与者的一个"相机行动方案"。**譬如，"人不犯我，我不犯人；人若犯我，我必犯人""敌进我退，敌退我追，敌驻我扰，敌疲我打"等。

在整个博弈过程中，博弈策略建立起了从信息到行动的相关联系，即博弈参与者首先选择的是策略，然后根据最新的信息做出行动的选择。有了博弈策略就意味着建立起从信息到行动的快速反应机制，能够以最快的速度做出行动选择。**在瞬息万变的战场、商场中，博弈策略尤为重要。**

用 s_i 表示博弈参与者 i 的一个策略，用 S_i 表示博弈参与者 i 在一个博弈中的全部可供选择的策略，记为策略集或策略空间，即 $s_i \in S_i$，$S_i =$ $\{s_1, s_2, \cdots, s_i, \cdots, s_m\}$，这里表示博弈参与者 i 在该博弈中共有 m 个可用的策略。

若 n 个博弈参与者每人都从自己的策略集 S_i 中选择一个策略 s_i，则向量 $s = (s_1, s_2, \cdots, s_i, \cdots, s_n)$ 是一个策略组合，博弈参与者 i 之外的其他参与者的策略组合是 $s_{-i} = (s_1, s_2, \cdots, s_{i-1}, s_{i+1}, \cdots, s_n)$。

博弈参与者 i 的混合策略 $p_i = (p_{i1}, p_{i2}, \cdots, p_{im})$，其中 $0 \leqslant p_{ik} \leqslant 1$，$\sum_{k=1}^{m} p_{ik} = 1$，这里 $p_{ik} = p(s_{ik})$ 表示博弈参与者 i 选择纯策略 s_{ik} 的概率，**是其纯策略空间 S_i 上的一种概率分布，表示博弈参与者 i 决策时，根据这种概率分布在纯策略空间中随机选择策略并实施。** 采用这种策略的目的就是让博弈对手琢磨不透，让博弈充满了不确定性。

三、博弈收益

博弈收益是指博弈参与者从各种策略组合中获得的利益，是一个特定策略组合下博弈参与者得到的确定效用水平或期望效用水平。

一个博弈参与者的收益不仅取决于自己的策略选择，而且还取决于所有其他博弈参与者的策略选择，是策略组合的函数，所以也称为支付函数，用 u_i 表示。博弈收益既可以取正值，也可以取负值，取正值表示得益，取负值表示损失。

博弈收益是博弈参与者所真正关心的。博弈参与者在博弈中的目标，就是选择自己的策略以最大化自己的博弈收益。

"博弈论是一门科学，博弈论的应用却是一门艺术。" 这句话说的就是博弈收益是不容易把握的要素，博弈收益的取值只能依靠我们自己对具体博弈问题的体验和把握，这也正是博弈论应用的难点所在。

四、博弈信息

博弈信息是指博弈参与者有关该博弈局势的知识， 是指在博弈当中每个参与者知道些什么。具体而言就是：博弈参与者对其他参与者特征的了解、对其他参与者可选策略空间的了解、对其他参与者博弈收益（支付函数）的了解，以及对其他参与者所拥有的对该博弈的不同方面的信息量的了解。"知己知彼，百战不殆"充分说明了信息的重要性。

伟大科学家艾萨克·牛顿曾说过："我可以计算天体运行的轨迹，却计算不出疯狂的人性。"

《博弈思考法》一书中有个经典案例，说牛顿是南海股票泡沫事件中损失最惨重的人之一——损失了1万英镑。在当时，对一个中产阶级家庭而言，有200英镑的年收入日子就能过得比较舒适。牛顿在日记中抱怨说自己没能够推算出"疯狂的人性"，就好像在说他自己之所以有巨大损失是由于他人的错，是他人没有按照他预计的来。事实上，牛顿怪不了任何人，是他对南海股票交易信息的了解、掌握不够，过于高估了自己的分析能力。

博弈参与者在博弈中的策略选择总是在有限的信息条件下进行的。信息对博弈参与者至关重要，每一个博弈参与者在每次决策之前都必须根据了解到的其他博弈参与者的策略行动以及掌握的相关信息，做出自己的最佳决策。

博弈参与者、博弈策略、博弈收益（支付函数）和博弈信息合起来成为博弈规则。

在博弈过程中，所有的博弈参与者都应该了解博弈规则。这应该很好理解，从玩游戏的角度来看，这是一个很合理的要求。若不懂得"掼蛋"的规则，自然就无法玩"掼蛋"游戏。但是，在现实中的很多博弈中，博弈参与者可能并不清楚也不明白所有相关的规则。譬如，某人犯罪了，法官审理时，他还认为自己并没有触犯法律；对于这类情况，若博弈参与者知道并理解所有相关规则的话，社会维稳的成本就会降低许多。另外，在战争中可能也存在博弈参与者对"迷雾"知之甚少，甚至有连自己的对手是谁都未搞清楚的情况，这时候想取得战争的胜利只能是"纸上谈兵"。

博弈参与者、博弈策略、博弈收益（支付函数）和博弈信息，合起来成为博弈规则。

战争是充满智慧、弥漫不确定性而又最残酷血腥的博弈，其结果在很大程

度上取决于如何诱使对手采取错误的策略。

公元前 262 年—公元前 260 年的秦赵长平之战，博弈参与者就是赵括率领的赵军和白起率领的秦军，赵军的博弈策略可以选择防御、出战等。这场战争的结果是赵军惨败，40 多万赵国将士全部阵亡或投降后被杀。这场战争的转折点是赵军让从未带过兵的赵括取代了名将廉颇，以致酿成如此惨败悲剧。那么，赵括到底输在哪儿？悲剧根源不仅仅是因为他只会纸上谈兵，导致最后出战时中了秦军埋伏，更重要的是他信息缺失，竟然不知道秦军的主帅是谁，也就是说，赵括不知道自己的博弈对手是谁。在他之前，秦军与赵军名将廉颇对垒的主将是王龁，并非大名鼎鼎、威震天下的武安君白起。赵括虽然狂妄自大，但是对白起还是忌惮三分。用赵括自己的话讲："秦若使武安君为将，尚费臣筹画；如王龁不足道矣。"若他知道对方的主将已经换成了白起，或许会小心谨慎，不会贸然率军出战，而秦军要一口气吃掉赵军 40 多万人也是不可能的。

秦军一方正是因为了解了赵括狂妄自大、目中无人的毛病，所以将名将白起担任秦军主将的消息封锁得特别严，保密工作做到了极致，进而成功诱骗赵括轻敌、出战冒进，从而一举全歼赵军，把不可能变成了可能。秦国隐藏了"白起为将"这条信息的作用是非常大的。赵括以为对方的主将是王龁，但是结果正相反，真正的主将是白起。这种情况最为悲催，博弈之时连博弈对手都搞错，相对熵无穷大，输掉博弈是在所难免的。

博弈收益是博弈的目的，博弈策略是获得收益的手段，而博弈信息就是制定策略的依据。

博弈的目的就是在既定的信息条件下选择最佳博弈策略并实施行动，以获得最大的博弈收益。博弈收益是博弈的目的，博弈策略是获得收益的手段，而博弈信息就是制定策略的依据。

在任何博弈中，只有那些具备了足够的博弈意识、坚定地想要改变博弈规则从而让自己的博弈收益最大化的博弈参与者，才能高度自由地决定自己的命运。

博弈的分类：多维度理解

科学的基点是分类，通过分类我们才能更好地区分、分析研究事物的本质特征。

合作博弈与非合作博弈是博弈论的两个经典研究框架。 合作博弈指的是存在有约束力协议的博弈；而非合作博弈指的是不存在有约束力协议的博弈。

在合作博弈中，由于博弈的各方能够在公平、公正的前提下达成有约束力的协议，强调集体理性和效率，没有纳什均衡那样的主线贯穿，**侧重研究合作与协调，**所以能够创造出 1＋1＞2 的合作增值。 合作博弈可广泛应用于国际经济贸易、分配、区域经济合作、谈判、公司治理、投标拍卖等方面。 在非合作博弈中，由于博弈的各方不能达成有约束力的协议，都从自己的利益出发选择策略行动，强调个体理性、个体最优选择，所以其博弈结果可能是有效率的，也可能是无效率的。 **非合作博弈主要研究竞争与冲突，**博弈的各方得到的博弈结果可能是策略均衡条件下的非最佳博弈收益，揭示了个体理性与集体理性存在不一致的情形。 那么，是不是说只有合作博弈才研究合作，而非合作博弈就无法解释博弈参与者之间的合作呢？

合作博弈与非合作博弈并不是从博弈参与者对于合作的态度角度来划分的，因此并不是说非合作博弈中各个博弈参与者之间就不合作，也不是说非合作博弈就不能解释各个博弈参与者之间的合作行为。 在非合作博弈中，各个博弈参与者之间也存在合作；非合作博弈要回答的是当无法达成有约束力的合作协议时，各个博弈参与者之间如何通过理性行为的相互作用达成合作的目的。

博弈论中对于合作的研究可以分为三种类型：

一是若事先可以达成有约束力的承诺或合约，就使用合作博弈。 这时只专注于合作的结果，不考虑博弈参与者之间讨价还价的具体细节。

二是若事先无法达成有约束力的承诺或合约，或者达成合约的成本过高，就使用能够实现合作结果的非合作博弈，如谈判博弈等。这类博弈往往专注于分析合作达成的具体过程。

三是使用无限次重复动态博弈，即博弈参与者之间长期重复博弈。譬如，若邻里之间进行无限次非合作博弈，就可达成合作的结果。

事实上，无限次重复动态博弈和谈判博弈都是达成合作博弈解的非合作方法。

合作博弈侧重研究合作与协调；非合作博弈主要研究竞争与冲突。

著名军事理论家克劳塞维茨认为：**"只有对名称和概念有了共同的理解，才可能清楚并顺利地研究问题。"**

这里侧重研究非合作博弈。依据博弈的基本要素可将非合作博弈进行分类，从而多维度理解这些名称和基本概念。

一、按博弈参与者的数量分类

博弈中的博弈参与者是独立决策、独立承担博弈结果的个人或组织。在博弈规则面前，博弈参与者之间是平等的，不因博弈参与者之间的差异（譬如权利、地位等）而改变。

博弈参与者的数量影响对博弈的分析和博弈的收益。根据博弈参与者的数量，可将博弈分为**两人博弈、多人博弈。**

两人博弈是指两个博弈参与者之间的博弈。极端情况下的单人博弈是退化的两人博弈。两人博弈是最基本、最常见、最实用且研究最多的博弈类型，譬如下象棋、喝酒划拳、猜硬币、囚徒困境等都是两人博弈。两人博弈的博弈收益方向可能相一致，也可能不一致。

多人博弈是指三个或三个以上博弈参与者之间的博弈。多人博弈中可能存在"破坏者"，即该博弈参与者的策略行动不影响自身的博弈收益，但却会对其他博弈参与者的博弈收益产生巨大的、有时甚至是决定性的影响。多人博弈的表示，有时与两人博弈不同，需要多个收益矩阵，或者只能用描述法。

二、 按博弈策略分类

博弈中的策略有定性定量、简单复杂之分。 不同的博弈参与者之间，不仅可选的策略不同，而且可选的策略数量也存在不同。

按照博弈中的策略，可将博弈分为**有限博弈和无限博弈**。 有限博弈中每个博弈参与者的策略数量都是有限的；无限博弈中至少有某个博弈参与者的策略数量有无限多个。

有限与无限的本质是有无博弈规则边界。 有限博弈是在边界内玩，无限博弈却是在和边界玩，探索、改变边界本身。 有限博弈与无限博弈的最大区别是，有限博弈以取胜为目的，无限博弈以延续博弈为目的。

三、 按博弈收益分类

博弈收益为每个博弈参与者从博弈中所获得的利益，是每个博弈参与者追求的最终目标，以及行为和判断的根本依据。 博弈收益对应每个博弈参与者策略的组合。 根据收益可将博弈分为**零和博弈（收益总和为零的博弈）、正和博弈**（又可分为常和博弈和变和博弈）。

零和博弈：博弈参与者之间的利益始终对立、收益的总和为零。 任何一方的所得都是其他各方的所失。 零和博弈是利益对抗程度最高的博弈。 赌博是典型的零和博弈，只是在赢家和输家之间进行收入再分配，而没有创造财富。

正和博弈：博弈参与者一方的所得并不一定意味着其他各方遭受损失，各方彼此之间可能存在某种共同的利益，各方可能"双赢"或者"多赢"。 这类博弈，若博弈参与者之间收益的总和为常数，则为常和博弈，否则为变和博弈。

在现实中，我们大多数人都在玩"零和博弈"；只有少数人在玩"正和博弈"，寻找志同道合者，追求共同的利益。

四、 按博弈时序分类

博弈时序是指博弈参与者行动的时间顺序。 根据博弈时序，博弈可分为**静**

态博弈、动态博弈。

　　静态博弈是指所有博弈参与者同时行动，或虽然博弈参与者的行动有先有后但后行动者不能够观察到先行动者的行动。 只要每个博弈参与者在选择自己的策略行动时不知道其他参与者的选择，就可以说是"同时行动"，如喝酒划拳、下军棋等。 在静态博弈时，博弈参与者只能依据对其他参与者的策略或行动的想象做决策，譬如"石头剪刀布"游戏中，我们只能想象着其他参与者会出"石头"，然后我们决定出"布"。

　　若博弈属于"同时行动"，则博弈参与者是在不能观察到其他博弈参与者的选择前提下做出自己的决策，即博弈参与者在相互不知的条件下采取策略行动。

　　动态博弈是指博弈参与者的行动有先有后，且后行动者能够观察到先行动者的行动。 只要某个博弈参与者在选择自己的策略行动时，知道其他参与者的选择，而其他参与者做选择时不知道他的选择，就可以说他是在其他参与者"之后"行动，而其他参与者是在他"之前"行动。 可见，这类博弈具有"时序"的概念，如下象棋、下围棋、市场进入等。 动态博弈的后行动者会根据先行动者的实际选择做出相应的决策。

　　动态博弈至少有三个基本特点：

　　➢ **各个博弈参与者的选择和行动有先后之分；**

　　➢ **一个博弈参与者的选择很可能不是只有一次而是有多次；**

　　➢ **不同阶段的多次行动是有内在联系的，是不能分割的整体。**

　　在动态博弈中，博弈参与者决策的内容不再是博弈参与者在单个阶段的行动，而是每个博弈参与者在整个博弈中针对自己前阶段的各种情况作相应选择和行动的策略（具有完备性），以及这些策略构成的组合。

　　动态博弈可用博弈树，或者说博弈的展开型来表示。 博弈树描述了博弈参与者的一个动态决策过程，这个过程从博弈树的初始决策节点（树根）开始，并在末端节点（树叶）结束。 博弈参与者的策略选择都在博弈树的决策节点上做出，有多少个行动选择就对应多少个"树枝"。

每个博弈参与者的策略组合所对应的都是相继行动，从而形成一条条连接各个阶段的"路径"，即在什么情况下应选择什么行动，而不是简单的、与博弈无关的行为选择，它决定了博弈的结果。

动态博弈中的"时序"是一个信息概念，而非日历上的时间概念。"时序"只不过是"信息"概念的进一步延伸。"信息"是博弈论中最核心的概念。

"信息"是博弈论中最核心的概念。

"时序"只不过是"信息"概念的进一步延伸，而非日历上的时间概念。

在相继行动的动态博弈中，博弈参与者要想增大获胜的概率，需遵循这样的原则：博弈参与者每采取一个行动都必须展望一下自己的当前行动会给其他博弈参与者带来什么样的影响，反过来又会对自己下一步的行动造成什么样的影响。 也就是说，在相继行动的动态博弈中，每个博弈参与者都必须预测其他博弈参与者接下来会有什么样的反应，并据此推算出自己的最佳行动。 这种"正向展望，逆向推理"的基本思想非常重要。

五、 按博弈信息分类

根据博弈参与者所掌握的信息，可将博弈分为**完全信息博弈和不完全信息博弈。**

完全信息博弈是指在博弈过程中，每个博弈参与者对其他参与者的特征、博弈策略空间及博弈收益（支付函数）都有准确的信息，没有事前的不确定性。

若博弈参与者对其他参与者的特征、博弈策略空间及博弈收益（支付函数）的信息了解得不够准确，或者在有多个博弈参与者的情况下，不是对所有博弈参与者的特征、博弈策略空间及博弈收益（支付函数）都有准确的信息，在这两种情况下进行的博弈就是不完全信息博弈。 更通俗地讲，不完全信息博弈是指总有一些信息不是所有博弈参与者都知道的，博弈参与者关于博弈的不确定性只是部分消除，未能完全消除。

完全信息博弈是指每个博弈参与者对所有其他博弈参与者的特征、博弈策略空间及博弈收益都有准确的信息，没有事前的不确定性。

"警察与小偷"博弈，是一个经典的完全信息博弈。 这个博弈的大意是这样的：某个小镇上只有一个警察，他要负责整个小镇的治安。 小镇上有两处地方需要巡逻，A 处有价值 2 万元的财产，B 处有价值 1 万元的财产，由于分身乏术，警察一次只能在一个地方巡逻。 同时，小镇上还有一个贼，他也只能选择去 A 处或者 B 处一处偷盗。 若警察在一处巡逻，小偷去同一处作案，就会被警察抓住；若警察在一处巡逻，小偷去另一处偷盗，则小偷偷盗得手。 警察与小偷事先都不知道对方将会去哪里巡逻或者作案。 警察怎么巡逻才能效果最好呢？

在这场博弈中，小镇上有 A、B 两处地方有值钱的财产，警察只能选择一处巡逻，小偷只能选择一处下手作案，以及小镇上的交通路况等，都是双方的共同认知，这些信息对警察和小偷都是公开的，因此这是一场完全信息博弈。 另外，从博弈分类来看，这也属于静态博弈，警察和小偷双方事先都不知道对方的选择，自己的策略选择也与对方的策略无关。

假设有一天警察想出了一个抓住小偷的好主意：利用信息的可伪性，传出虚假信息，声称自己晚上将去 A 处巡逻，却暗中在 B 处蹲守。 不过，信息的真假小偷并不清楚，若小偷去 B 处偷盗，他就会落入警察设下的圈套，被警察抓住。 在这场博弈中，警察利用虚假信息，采用声东击西的策略，但是小偷对此并不知情，存在信息不对称。 此时，这场博弈便变成了不完全信息博弈。

综上所述，我们可以将博弈时序和博弈信息结合起来，对博弈类型进行划分，前者有静态博弈和动态博弈之分，后者有完全信息博弈和不完全信息博弈之分，那么 2 乘以 2 就应该有 4 种类型的博弈，即完全信息静态博弈、不完全信息静态博弈、完全信息动态博弈、不完全信息动态博弈。

完美信息博弈是指每个博弈参与者都充分了解过去历史的博弈，即博弈树上的所有信息集都是单节点的。

在博弈中，信息是决定最终结果的重要因素。为了避免在竞争、对抗中处于劣势，博弈参与者在决策之前要尽可能多地掌握有关博弈局势的信息。信息掌握得越充分，获得胜利的可能性就越大。

"知彼知己，百战不殆；不知彼而知己，一胜一负；不知彼不知己，每战必殆。"无论是"知己"，还是"知彼"，其实都是指对有关双方博弈信息的掌握。

掌握信息比较充分的博弈参与者，往往处于比较有利的地位；而信息缺乏的博弈参与者则会处于相对不利的地位。在一场博弈中，胜利将会属于掌握信息较多的博弈参与者。

囚徒困境：个体理性的缺憾

囚徒困境是著名数学家阿尔伯特·塔克于 1950 年在给一些心理学家作讲演时，为了避免使用繁杂的数学公式，又能更加形象地说明博弈的过程，第一次提出的一个博弈论中最经典、最著名的模型。 囚徒困境本身讲的是一个法律刑侦或犯罪学方面的问题，但可以扩展到经济问题、社会问题、政治问题、军事问题，且可在其他各个领域应用。

囚徒困境是博弈论中最经典的模型，故事有趣，令人反思，其核心思想是"用次优结果避免最坏。"

假设非法持枪的犯罪嫌疑人甲和犯罪嫌疑人乙在作案后被警察抓住，分别关押在两个房间里接受审讯。 警察知道两人有罪，但缺乏足够证据，于是告诉犯罪嫌疑人甲和犯罪嫌疑人乙：若两人都坦白，则各判刑 5 年；若一人坦白，一人不坦白，则坦白的一方判刑 1 年，不坦白的一方判刑 10 年；若两人都不坦白，则各判刑 2 年。

若用－5、－10、－1 和－2 表示两个囚徒被判刑 5 年、10 年、1 年和 2 年的收益，则可用支付矩阵（见图 1）将这个囚徒困境的策略和收益表示出来。

支付矩阵是诺贝尔经济学奖得主托马斯·谢林发明的，他曾经开玩笑说："假如有人问我有没有对博弈论做出一点贡献，我会回答'有的'。 若问是什么，我会说我发明了用一个矩阵反映双方得失的做法……我不认为这个发明可以申请专利，所以我免费奉送。"一个支付矩阵表现出来的内容有：

（1）各方博弈参与者是谁；

（2）博弈参与者可以选择的策略行动；

（3）博弈参与者选择策略行动之后，可能出现的博弈收益；

（4）博弈参与者如何对这些可能出现的博弈收益进行优劣排序。

嫌疑人乙

		坦　白	不坦白
嫌疑人甲	坦　白	（-5，-5）	（-1，-10）
	不坦白	（-10，-1）	（-2，-2）

图 1　囚徒困境支付矩阵

把一个博弈过程描述清楚不是我们的最终目的，我们的最终目的是把这个博弈可能的结果分析清楚，也就是要预测什么情况可能发生、什么情况不容易发生。这些可能发生的结果都可以说是博弈的解。

这里，囚徒困境支付矩阵给出了两个犯罪嫌疑人采取的策略以及各种策略组合带给两个人的收益。那么，两个犯罪嫌疑人独立决策会做出什么样的选择呢？

博弈的本质是互动决策，这就要求两个犯罪嫌疑人在做决策时都要考虑对方。这里的考虑不是考虑怎么对对方好，而是考虑对方会怎么做，然后自己应该怎么应对。

对犯罪嫌疑人甲来说，若犯罪嫌疑人乙坦白了，他的最优策略就是坦白，因为坦白被判刑 5 年，不坦白则被判刑 10 年；若犯罪嫌疑人乙不坦白，他的最优策略还是坦白，因为坦白被判刑 1 年，不坦白则被判刑 2 年。也就是说，不管犯罪嫌疑人乙坦白还是不坦白，犯罪嫌疑人甲的最优策略都是坦白。这种独立于他人选择的最优策略，称为该博弈参与者的占优策略。

占优策略是使博弈参与者获得最佳收益的行动。无论其他博弈参与者采取何种行动，都可将其行动视为固定因素。

占优策略是指博弈参与者的某一个策略，不管博弈对手使用什么策略，只要博弈参与者使用这一策略，都可以给自己带来最大的收益。 或者说，博弈参与者的这一策略在任何情况下都优于自己的其他策略。 作为理性的人，博弈中存在占优策略，就一定要选择它。

同样，犯罪嫌疑人乙也会做类似的分析，不管犯罪嫌疑人甲坦白还是不坦白，犯罪嫌疑人乙的占优策略也是坦白。

犯罪嫌疑人甲、乙均选择坦白，则分别被判刑 5 年。 这个结果是稳定的，任何一方都不会单方面改变策略。 可见，**若每个博弈参与者都存在一个占优策略，那么博弈中每个博弈参与者必然选择其占优策略；每个博弈参与者的占优策略就构成了博弈均衡。**

从支付矩阵可以看出，对犯罪嫌疑人甲、乙而言，很明显最好的结果是两人均不坦白，则分别被判刑 2 年，此时两人的利益最大化。 那为什么会出现犯罪嫌疑人甲、乙都选择坦白的情况呢？ 这是因为囚徒困境实际上反映了一个很深刻的问题：**个体理性和集体理性之间的矛盾**，也就是博弈参与者之间会不会合作的问题。 个体理性就是基于博弈参与者自身利益最大化的行为，而集体理性就是基于每个博弈参与者整体利益最大化的行为。 由于博弈参与者都是理性的，所以每个博弈参与者都会站在自己的立场上寻求自己的最大利益。

囚徒困境问题的本质：决策基于个体理性而非集体理性。 这里给我们的启发在于，要像警察那样制定惩罚犯罪嫌疑人甲、犯罪嫌疑人乙的规则，找到一种让博弈参与者为了自己的利益最大化想说假话时也不得不说真话的博弈机制。

囚徒困境问题的本质：决策基于个体理性，而非集体理性。

之所以出现囚徒困境，其内在根源就是**我们的个体理性有时可能会导致集体的非理性。** 这是因为聪明的我们可能会因自我聪明，而作茧自缚或损害集体的利益。

每个博弈参与者都只关心自己的利益，而不关心博弈对手的利益及整个集体的利益。可以说，**个体理性自由发挥的结果往往是集体不理性。**很多社会现象就是个体理性的自由发挥所导致的，以至于在管理中存在公共责任无人承担、公共财产人人浪费、公共资源过度利用的情况，这都是因为我们自由发挥的个体理性是少担责、多利用公共资源。

生态学家加勒特·哈丁于 1968 年创造性地提出"公地悲剧"一词，表示博弈中每位博弈参与者都能自由地选择是否开发会被耗竭的公共资源。每位博弈参与者都拥有自主权去利用自己想要的资源，但是如果每位博弈参与者都这样做，公共资源将会被过度开发，从而导致每位博弈参与者的收益受损。

如何解决"公地悲剧"？哈丁最著名的观点是"限制每位博弈参与者对于公共资源的使用权"。这种解决"公地悲剧"的观点影响深远。

限制的思路就是通过改变博弈参与者的博弈收益来改变博弈参与者的博弈动机，使得博弈参与者的博弈策略随之变化，从而让博弈参与者摆脱囚徒困境。

为什么建议出去旅游时不在旅游景点购物？因为"凡是一锤子买卖"，若没有限制，企业的个体理性都是宰客，追求自身利益的最大化。草场沙化是大灾还是人祸？对每个牧民而言，个体理性就是多养牛和羊，若每个牧民都这么想、这么做，总有一天牛和羊的数量会超过草场的承载量，到那时草场就开始逐渐沙化。

每一位博弈参与者，若都只是急功近利地盯着自己的眼前利益，而不考虑长远利益，就可能导致对博弈各方都不利的结局。

也许有人要问：有关黑社会电影中的犯罪嫌疑人往往都不坦白，这又是为什么呢？这是由于有第三方权威的存在，若坦白，其后果要比多坐几年牢严重得多。

囚徒困境启示我们：博弈的均衡结果只取决于博弈的规则，而与事实的真相无关。

囚徒困境的两个特点：

（1）**每位博弈参与者都有占优策略，即无论其他博弈参与者采取何种行动，都将使该博弈参与者获得最优收益的行动。**

（2）**若所有博弈参与者都采取占优策略，那么与他们都不采取占优策略相比，他们都将获得更糟糕的结果。**

在现实社会中，许多影响深远而又两难的重要博弈都属于囚徒困境。 譬如，价格竞争、环境保护、公共品供给、寡头垄断、军备竞赛等问题，这些都是囚徒困境博弈。 那么，如何找到解决方法走出囚徒困境呢？ 有四种方法：

一是依赖第三方权威，改变博弈参与者的博弈收益。

博弈参与者是否有能力改变自己的博弈收益？ 有两个办法：一是靠自己直接改变，二是通过第三方权威。 但是，显然，博弈参与者若能改变自身博弈收益，就不会陷入囚徒困境。

在囚徒困境博弈中，往往通过第三方权威，类似如信仰、法官、族长等，另外加入一个博弈参与者，从而构成不同结构的博弈。 博弈结构的变化，会导致博弈收益的完全不同，从而走出囚徒困境。 譬如，我们的革命先辈为建立新中国抛头颅洒热血，即使被捕也坚贞不屈（不坦白），始终坚守心中的信仰。

二是把一次性博弈转变为重复性博弈，培养关系，促成合作。

合作的基础不是我们通常认为的信任、友谊或者利他主义等，最根本的是长久的利益关系。 若只是一锤子买卖，完全不用考虑未来，或者说，未来利益相对于眼前利益不那么重要，那么就很难建立起稳定的合作模式。

博弈的重复会使个体理性和集体理性统一起来，在个体利益的动机驱使下博弈参与者会相互合作。 这就存在着眼前利益和长远利益的均衡问题，背叛不再简简单单地成为必然的最优策略。

重复博弈之所以有效是因为博弈参与者担心背叛会招致未来合作机会的丧失。 也就是说，重复博弈中的背叛者会受到惩罚，而最直接的惩罚就是下次博

弈时背叛者会被博弈对手背叛，从而得不到合作的好处。 特别是当未来合作的
收益较大，超过博弈参与者通过背叛所获得的短期收益时，博弈参与者出于对
长远收益的考虑，会形成非契约的默契，彼此合作，使博弈收益最大化。

我们常说"远亲不如近邻"，是因为近邻存在重复性博弈，远亲虽然有血
缘关系，但有可能一辈子也很难得有几次博弈。 重复博弈下，由于会产生长远
利益，合作对博弈参与者都有好处，或者不合作会受到惩罚，那么博弈参与者
往往会选择合作。

重复博弈理论的最大贡献是为我们个人之间、组织之间乃至国家之间的合
作行为提供了理性解释。

**三是把单对单的一次性博弈转变为单对多的一次性博弈，建立信任，赢得
更多博弈机会。**

好组织都是选择优雅地解决社会问题，非常注重口碑，维护自己的社会影
响力。

譬如购买华为手机时，个体跟厂家之间是单对单的博弈，但如果我们大家
都购买华为手机，这时华为企业与广大客户之间的博弈就是单对多的博弈，那
么华为企业追求的就不仅仅是利益的最大化，还必须维护其声誉和影响力，注
重华为手机的质量、美观、用户体验、售后服务等。

四是把单对单的单一博弈转变为单对单的多重博弈，创造多重损益点。

经贸关系有助于两国的和平。 这是因为国家之间之所以发生冲突，其主要
原因在于国家与国家之间存在利益差异或矛盾；而经贸关系使各个国家的资源
在国与国之间得到最有效的配置，促进国家间的信息交流，削弱国家间的敌
意，创造了多重损益点。

在商言商行吗？ 生意要与人品好的人做。 也就是说，做生意不仅要有经
济实力，同时还要人品好，让合作伙伴觉得靠谱。

整个人类文明史就是一部不断创造囚徒困境，又不断解决囚徒困境的历史。

　　在漫长的人类历史进程中，我们人类发明了各种各样的技术、制度、文化等来克服囚徒困境，不断走向合作，于是才有了人类的进步。譬如语言、文字、货币、价格、产权、公司、利润、法律、社会规范、价值观念、道德标准，甚至钟表、计算机、网络等各式各样的发明，都是我们人类走出囚徒困境、实现合作的重要手段。当然，**每一次合作带来的进步又伴随着新的囚徒困境的出现。** 譬如，互联网为我们提供了更大范围合作的空间，但互联网也为坑蒙拐骗、信息虚假行为提供了新的机会。

　　若囚徒困境已形成，那么怎样才能走出这个困境，维护共同利益呢？就是**对背叛进行严厉的惩罚，** 让各个博弈参与者不敢背叛，如此才能维护共同利益。

　　整个人类文明史就是一部不断创造囚徒困境又不断解决囚徒困境的历史。我们人类的合作与进步离不开一些伟大的思想家、科学家等，他们不会停留在囚徒困境博弈的表面，而是深入分析其背后的机理，找到更好的解决办法。

　　著名的政治科学家罗伯特·阿克塞尔罗德邀请许多来自数学、心理学、经济学、政治学、社会学等学科领域的专家学者，请他们详细描述重复 200 次的囚徒困境策略。

　　第一次罗伯特·阿克塞尔罗德征集了 14 个博弈策略，专家学者们提交的博弈策略五花八门，但总的来说可以分为两大类：一类是好人策略，从不首先背叛对方，更愿意合作；另一类是坏人策略，总是琢磨着时不时地背叛一把，捞取更大的好处。除此之外，罗伯特·阿克塞尔罗德还加入了一个随机策略，在每个博弈回合中都随机选择合作或背叛。这其中包括"不论过去发生什么，总是选择不合作""不论过去发生什么，总是选择合作""合作与不合作交替进行""从合作开始，一直到一方不合作，然后永远选择不合作""从合作开始，之后每次选择对方前一阶段的行动""随机选择合作或不合作"……，然后把这 15 个博弈策略编制成相应的计算机程序，在计算机上进行一对一的循环赛，让每一个程序同其他程序在循环赛中对抗，并记录它在 200 次的重复中对抗所有其他程序时获得的总分数。 最终，竞赛的冠军获得者是多伦多大学的数学教授阿纳托·拉帕波特提出的"一报还一报"策略，即"针锋相对"策略，"以其人之道，还治其人之身"。 该策略的特点是：博弈参与者第一次对局都采取合作的策略，以后每一步都紧随博弈对手上一步的策略，博弈对手上一次合作，博弈参与者这一次就合作，博弈对手上一次不合作，博弈参与者这一次就不合作；建立一个好声誉以换取长远利益，使得个体的最优选择趋近于集体的最优选择。

"一报还一报"策略：不首先袭击；既回应好的又回应坏的；清晰地采取行动；不嫉妒。

为了更好地验证，罗伯特·阿克塞尔罗德又邀请更多的学者参与。 第二次他征集了 62 个博弈策略，加上随机策略共有 63 个博弈策略参赛。 同样地，他把这 63 个博弈策略编制成计算机程序，进行循环对抗，令人惊讶的是，在这两轮比赛中夺冠的是同一个好人策略，即"一报还一报"策略。

基于比赛的结果，罗伯特·阿克塞尔罗德给出了重复博弈的四点具体建议：**第一，不首先背叛；第二，赏罚分明；第三，不要小聪明；第四，不嫉妒。**

"一报还一报"策略结合了三个关键因素，每个因素对重复博弈的成功都功不可没。 首先，**迅速信任**，在第一回合采取合作。 只要长期收益能够弥补短期遭到背叛带来的损失，更明智的方法都是选择信任，至少一次。 其次，**迅速惩罚**，若对手背叛则下一回合用背叛进行回应。 最后，**迅速原谅**，若对手选择合作，就立马回到合作状态。

"一报还一报"策略虽然在整个比赛中取得了突出的成绩，但是在一场一对一的对抗中，它并不能击败对手，其最好的结果是跟对手打成平局。"一报还一报"策略之所以赢得比赛，是因为它通常都能够十分有效地促成合作，同时避免相互背叛。

"一报还一报"策略胜出的前提条件是博弈的次数足够多、未来的利益足够重要。 **合作的基础是长久的利益关系。** 若只是一锤子买卖，完全不用考虑未来，或者未来利益相对于眼前利益不那么重要，则很难或不可能建立起稳定的合作模式。

若想促成合作，我们就要想方设法增加未来的影响力，让未来的合作利益尽可能地重要。 只要未来足够重要，合作就比背叛更划算，合作就能稳定持续。

这个简单又清晰的博弈规则也可用于人与人之间的交往。 我们可用人与人交往规则的确定性来应对人与人交往结果的不确定性，这有助于改善我们的人际关系，更好地构建和谐的人际环境。 具体而言就是这五步：

第一步，我们是善良的，相信他人也是好人，一开始选择合作，而且绝不会先背叛对方。

第二步，我们是可激怒的，是不好欺负的，若博弈对手背叛，我们会以牙还牙，马上用背叛来反击，让博弈对手不敢轻举妄动。

第三步，我们是宽容的。 虽然以前博弈对手背叛过，若现在又愿意恢复合作，那么我们既往不咎、继续合作。

第四步，我们的人际交往规则简单明了、清晰可见。 规则越明确越好，他人一看就懂，知道该怎样进行合作，这样我们赢的可能性才会越大。

第五步，我们任何时候都不嫉妒他人的成功。 相信他人的成功一定有它的道理，自己未成功那是努力不够、存在差距。 人与人交往的关键不是靠打压博弈对手获胜，而是要通过创造长期合作来实现共赢。

现实博弈中，博弈参与者自己可能误判，对手也可能犯无心的错。 哪怕有一丝发生误解的可能性，"一报还一报"策略的优势就会完全丧失：任何一个错误都会反复重现，犹如回声震荡。 只要出现一次错误，博弈一方就会惩罚另一方的背叛行为，依据"一报还一报"策略，博弈参与者任何时候都不会只接受惩罚而不做任何反击。 那么，博弈对手在受到惩罚之后，会不甘示弱进行反击；这一反击又会导致第二次惩罚……，从而导致连锁反应。 中东地区数十年的冲突就是以色列和巴勒斯坦因发动袭击、进行惩罚、拒绝忍气吞声而采取报复行动导致的惩罚与报复的恶性循环的持续。

为此，博弈论专家学者针对"一报还一报"策略存在的问题提出了改进版的"一报还一报"策略，把背叛的门限次数从一次调整到两次，即**对方背叛我一次，我继续合作；对方连续背叛我两次，我再报复。** 研究表明，在有可能出错的博弈中，这个改进策略的效果比原始"一报还一报"策略更好。

从策略演进的角度来看，只有最有利于合作、有利于博弈各方成长的博弈策略才是最优策略。

纳什均衡：最优反应的组合

真正意义上的博弈论研究始于 1944 年著名数学家冯·诺依曼和经济学家奥斯卡·摩根斯坦合著的《博弈论与经济行为》，它使博弈的理论和思想进入经济学领域。 但是，真正改变博弈论历史的是一个叫约翰·纳什的年轻人。

约翰·纳什 1928 年 6 月出生于美国，自幼便显露出过人的数学天赋：**"高斯第二""天空都不足以容纳他的独立性"**；1948 年，在普林斯顿大学攻读博士学位；1950—1953 年独自撰写了《n 人博弈中的均衡点》《非合作博弈》等多篇颇具开创性、奠基性的论文。 纳什的这些论文对合作博弈、非合作博弈进行了明确定义和区分，而纳什的思想对博弈理论的发展影响深远而又深邃。

纳什的博士生导师阿尔伯特·塔克教授对纳什的博士论文和其他相关文章给出了很高的评价："这是对博弈理论的高度原创性研究，其具有重要的贡献。它发展了本身很有意义的 n 人有限非合作博弈的概念和性质，并且它很可能开拓出许多在两人零和问题以外的、至今尚未涉及的问题。 在概念和方法两方面，该论文都是作者独立创作的。"

纳什对非合作博弈均衡进行了独到而精辟的阐述，证明了均衡解的存在，这就是著名的纳什均衡。 纳什均衡这个概念在非合作博弈理论中起着核心、主线的作用。 可以说，非合作博弈理论的发展，都是建立在这一概念的基础之上的。1994 年，纳什因为在博弈理论方面的突出贡献，获得了当年度的诺贝尔经济学奖。

诺贝尔经济学奖得主保罗·萨缪尔森有一句幽默的话：你可以将一只鹦鹉训练成经济学家，因为它所需要学习的只有两个词：供给与需求。 而著名博弈论专家坎多瑞进一步引申说：要成为现代经济学家，这只鹦鹉还必须多学一个词，那就是**"纳什均衡"**。

诺贝尔经济学奖得主罗杰·梅尔森认为，纳什均衡对经济学的意义就类似于 DNA 双螺旋结构的发现对于生物学的意义那么重大。纳什均衡的提出和迭代完善极大地推动了博弈论的发展，为博弈论应用于经济学、社会学、管理学、政治学、军事学等领域奠定了坚实的理论基础。

每个博弈参与者的策略都是对其他博弈参与者策略的最优反应，则该策略组合被称为纳什均衡。

"均衡"概念分析研究的是理性博弈参与者如何秉持正确的理念参与博弈，然而，在现实中，我们往往不理性或难以理性，甚至还可能秉承了错误的理念。"均衡"概念可以作为我们思考现实世界中任何博弈的一个起始点，最著名的"均衡"概念就是"纳什均衡"。

奥斯卡获奖电影《美丽心灵》里就有一个很形象的"纳什均衡"应用场景。纳什在普林斯顿大学读书期间，与几个同学在学校的酒吧里讨论"怎么追女生"。一个同学分析说："亚当·斯密说过'个体利益会推动集体利益'，咱们可先去追求最漂亮的女生，若被拒绝，然后再去追求其他女生。"但是纳什认为，"追女生"这事不能光考虑自己，还要考虑其他男生、女生和所有同学这个整体。纳什分析说："每个人都想追求最漂亮的那个女生，这是人之常情，不过若我们每个同学都去追求她的话，肯定会有人遭到拒绝；若遭到拒绝后，再去追求其他女生，会有很大的概率再次被拒绝，因为没有人喜欢当备胎。所以，对我们每个同学来说，最好的策略就是都不去追求那个最漂亮的女生，而是直接各自去追求其他女生，这样对我们每个同学都有利。"在这个均衡策略中，每个人的行为都是针对其他人的行为的最佳对策，男生不会因为追求同一个女生而成为情敌，而其他女生也不会因被当作备胎而受到冒犯，于是男生追到女生的概率就会大大增加。

博弈 $G = \{s_1, \cdots, s_n; u_1, \cdots, u_n\}$ 中，各个博弈参与者 i 的某策略 s_i^*，与其他博弈参与者的策略 s_{-i}^* 组成策略组合 (s_i^*, s_{-i}^*)，若任意一个博弈参与者 i 的

策略 s_i^* 都是对其余博弈参与者策略 s_{-i}^* 的最优反应，即 $u_i\left(s_i^*,s_{-i}^*\right) \geqslant$ $u_i\left(s_i,s_{-i}^*\right)\left(s_i^* \neq s_i\right)$，则称该策略组合 $\left(s_i^*,s_{-i}^*\right)$ 为该博弈的一个纳什均衡。特别是当且仅当 $\left(s_i^*,s_{-i}^*\right)$ 是纳什均衡，且对所有纯策略 $s_i\left(s_i \neq s_i^*\right)$ 有 $u_i(s_i^*,s_{-i}^*) > u_i\left(s_i,s_{-i}^*\right)$ 时，则称该策略组合 $\left(s_i^*,s_{-i}^*\right)$ 是严格（强）纳什均衡。

纳什均衡是最常见的均衡，是所有博弈参与者的最优策略的组合。它的含义是：**在博弈对手策略给定的情况下，每一个博弈参与者的策略都是最优的，能够最大化自己的博弈收益，此时每一个博弈参与者都不愿意先改变自己的策略。** 通俗地讲就是给定其他博弈参与者在博弈均衡时的策略，任何一个博弈参与者都没有动机改变自己在博弈均衡时的策略选择，即"谁改变谁吃亏"。

纳什均衡是指一个不会让博弈参与者后悔的策略选择，不管其他博弈参与者怎么做，各个博弈参与者都对自己的策略感到满意。 若要论证一个策略组合不是纳什均衡，只需在这个策略组合下指出有一个博弈参与者有单独改变策略选择的动机就足够了。

依据博弈参与者单独偏离策略均衡有没有坏处，可将纳什均衡划分为严格纳什均衡和普通纳什均衡。若任何博弈参与者单独改变策略均衡都有坏处，博弈收益受损，则为严格纳什均衡；若任何博弈参与者单独改变策略均衡都没有好处，则为普通纳什均衡，这是因为没有好处也不一定有坏处，博弈收益可能没有变化。

纳什均衡已经成为博弈论的基石，它是一个博弈分析工具，本身不包含任何价值判断。纳什均衡主要有**划线法和箭头法**这两种基本解法。

划线法的基本思想就是博弈参与者先找出自己针对其他博弈参与者的每种策略或策略组合的最佳对策，即博弈参与者自己的可选策略中能与其他博弈参与者的策略或策略组合相配合，给博弈参与者自己带来最大收益的策略；然后，以此为基础，再通过对其他博弈参与者的策略选择进行判断，也包括对其他博弈参与者对自己策略的判断的判断等，预测博弈的可能结果和确定博弈参与者自己的最优策略。

划线法的具体方法是针对其他博弈参与者的任意一个策略或策略组合，找出博弈参与者的最优策略，并在其收益值下划一条小横线。若存在一个"所有博弈参与者的收益值下都划了线"的策略组合，则该策略组合就是该博弈的一个纳什均衡。

我们回过头再分析前面提到的囚徒困境博弈。在这个博弈中，我们用划线法就可以找到它的博弈均衡为（坦白，坦白），如图1所示，这就是一个纳什均衡。

嫌疑人乙

		坦　白	不坦白
嫌疑人甲	坦　白	$(-5, -5)$	$(-1, -10)$
	不坦白	$(-10, -1)$	$(-2, -2)$

图1　用划线法分析策略或策略组合

假如犯罪嫌疑人甲选择坦白，犯罪嫌疑人乙的最佳策略就是选择坦白。也就是说，如果犯罪嫌疑人甲选择了坦白，犯罪嫌疑人乙就会对坦白这个策略很满意。同样，假如犯罪嫌疑人乙选择了坦白，犯罪嫌疑人甲的最佳选择也是坦白，他也对选择坦白这个策略很满意。

谁都没有动力改变这个策略组合，因为谁也不相信对方会做出改变。也就是说，纳什均衡的威力来自它的稳定性，不管其他博弈参与者如何选择，每个博弈参与者都很满意自己的行动，所以没有人想改变自己的策略。

纳什均衡是一种"僵局"，在他人不改变策略的情况下，没有博弈参与者有动力改变策略。

箭头法的基本思路是对博弈中的每个策略组合进行分析，考察在每个策略组合中，各个博弈参与者能否通过单独改变自己的策略而增加博弈收益，若能增加，则从所分析的策略组合所对应的收益数组引一箭头到改变策略后的策略组合所对应的收益数组，最后对每个策略组合的分析情况进行综合。那么，**只有箭头指向、无箭头指离的策略组合，才是该博弈的纳什均衡。** 仍以囚徒困境博弈为分析对象，纳什均衡为（坦白、坦白），如图2所示。

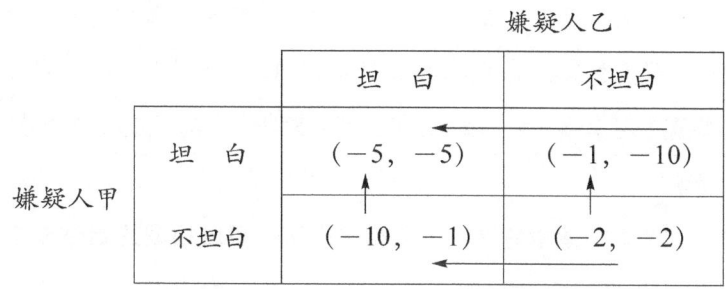

图2　用箭头法分析策略或策略组合

有些博弈不存在纯策略纳什均衡，但存在混合策略纳什均衡。混合策略是指博弈参与者随机地选择行动；除非特别说明，我们这里所讲的纳什均衡均是指纯策略纳什均衡。另外，有些博弈中，纳什均衡不唯一，如斗鸡博弈（见图3）。

这里存在两个纳什均衡：A 进，B 退；A 退，B 进。

博弈中若存在两个或两个以上的纳什均衡点，博弈结果就难以预料。这种情况对每个博弈参与者来说都是麻烦事，因为博弈结果不确定，博弈行动也往往进退两难。

		B	
		进	退
A	进	(−3,−3)	(−2,−1)
	退	(−1,2)	(0,0)

图3　斗鸡博弈分析

冷战期间，美苏争霸最严重、最接近战争边缘的一次危机就是古巴导弹危机。 苏联面临"将导弹撤回国"和"坚持部署在古巴"的选择；美国面临"挑起战争"和"容忍苏联挑衅行为"的选择。 最终的博弈结果是：苏联将导弹从古巴撤回，做了丢面子的"撤退的鸡"；美国则坚持了自己的策略，做了"不退的鸡"，但是为给苏联一点面子，还是补偿性地从土耳其撤回了一些导弹。 对苏联而言，退下来的结果是丢了面子，但总比陷入战争要好；对美国来说，既保全了面子，又没有发生战争。 这就是美苏两只"大公鸡"博弈的结果。

一个博弈中若有多个纳什均衡点（也就是纳什均衡的多重性问题），我们应该如何选择呢？

诺贝尔经济学奖得主托马斯·谢林提出了**"可以根据约定俗成来选择聚焦点"**的观点。"聚焦点"这一概念最早由谢林于 1960 年在《冲突的战略》中提出："人们得知别人也试图做出和自己同样的行为时，常常能使他们的意图或期望达成一致。 大多数情况——或许每一种情况都能为此种博弈参与者的合作提供一些线索，为每个人的期望提供'聚焦点'，其中每个人的期望是别人期望他期望被期望去做的事。"

换句话说，聚焦点就是博弈参与者通过相互期望所做出的共同选择的那个均衡点，是在众多可能的纳什均衡中最显眼、最有特征的那一个点；它显示出博弈参与者在没有沟通的情况下的共同选择倾向，博弈参与者会自动在这一点上达成合作。

谢林还提到了一个经典例子：假设我们约定明天要在纽约市见面，可是既没说时间也没说地点，我们如何才能如约见面呢？ 谢林给出的答案是，就算时间、地点事先不说，我们都能想到的选项就是中午 12 点，这是一天之中最常用的时间，而纽约市最常用的地标是中央地铁站，那么最好的选择就是中午 12 点在中央地铁站见面。 这样的选项，谢林称之为"聚焦点"。

若各博弈参与者合作的愿望大于冲突，而博弈又存在多个纳什均衡，那么各博弈参与者要做的就是找到聚焦点。 聚焦点的作用就是协调，它可以是政府指导、生活习惯、传统文化、历史传承，可以是先下手为强，也可以是随便找到的什么借口，实在不行还可以抽签占卜决策。

聚焦点就是博弈参与者通过相互期望所做出的共同选择的那个均衡点，博弈参与者会自动在这一点上达成合作。

纳什均衡不仅是博弈论、经济学中的重要概念，而且能让我们迅速破解各种博弈局面，更能为我们设计博弈机制提供约束条件。 最重要的是，**纳什均衡给了我们观察世界的眼光。** 纳什均衡的思想对我们更好地理解法律、政策、社会规范等社会制度十分重要。

任何一个制度，只有构成一个纳什均衡，才容易被我们自觉遵守。 一个制度哪怕再好，若不是纳什均衡就难以持续存在；一个制度哪怕再不好，若是纳什均衡就会长久存在。

若一种现象能够在社会中长期稳定地存在，那么这种现象对参与的各方来说就一定是个纳什均衡。 纳什均衡的思想告诉我们，评价一个现象的优劣不能只看它是不是对整体最好，核心是它必须得让每个博弈参与者都不愿意单方面改变才行。

纳什均衡给了我们观察世界的眼光。

博弈论研究的一般都是"非合作博弈"，博弈参与者并不是心往一处想劲往一处使、齐心合力办大事，每个博弈参与者想的都是怎么让自己赢。 博弈论的出发点虽然是非合作的，但寻求的却是能让我们自愿合作的机制，这样，博弈的结果往往是达成合作。

所有科学，特别是任何一门社会科学，其终极目的都应该是促进社会合作。 合作对我们所有人，不管是从长期利益还是从短期利益来看都是有好处的；不合作只可能带来眼前的利益。

好的合作，一定是个纳什均衡。

混合策略：随机出招的决策

博弈策略有纯策略和混合策略两种。 在给定信息的情况下，若一个策略规定博弈参与者只选择一种特定的行动，我们就称该策略为纯策略。 在给定信息的情况下，若一个策略规定博弈参与者以某种概率分布随机地选择不同的行动，我们就称该策略为混合策略。

混合策略是对每个纯策略分配一个概率而形成的策略；是指博弈参与者采取的不是唯一的固定策略，而是其策略空间上的概率分布。 混合策略允许博弈参与者随机地选择某个纯策略，由于随机选择的概率取值是连续的，即使策略空间中的纯策略是有限的，也会有无限多个混合策略。 另外，每个纯策略都是一个"退化"的混合策略，即某一纯策略的概率为 1，则其他纯策略的概率为 0。

是不是所有的博弈都存在纳什均衡呢？ 这可不一定。 但是，约翰·纳什于 1950 年却证明了："任何有限博弈都存在至少一个纳什均衡——纯策略纳什均衡或者混合策略纳什均衡。"也就是说，**当一个有限博弈不一定存在纯策略纳什均衡时，会至少存在一个混合策略纳什均衡。** 这里所说的有限是指博弈参与者的数目有限，并且每个博弈参与者都只有有限的纯策略可供选择。 这就是著名的纳什定理，它在非合作博弈中具有奠基性意义，是现代非合作博弈论的基石。

混合策略不是博弈参与者纯粹地选择什么策略，而是随机地，或者说是以百分之多少的概率选择某一个策略。

现在我们分析"石头、剪刀、布"这样简单的猜拳游戏。 这个游戏起源于中国，风靡全世界；之所以具有吸引力，是因为博弈双方在心理上都觉得自己能有所选择，具有主导权。 这也意味着，若能算到对手会出什么，就稳赢不输。

"石头、剪刀、布"猜拳游戏的规则非常简单：**"布"包"石头"、"石头"砸"剪刀"、"剪刀"剪"布"。** 譬如，当甲方出"石头"而乙方出"剪刀"时，则甲方就赢了乙方；甲乙双方都选择相同的行动，则为平局。

曾经，某单位的领导打算拍卖自己单位收藏的印象派画作，但无法决定要交给 A 公司还是 B 公司（实力相当）来承办。 于是，该领导让两家拍卖公司自己来决定谁来承办拍卖任务，而在发给两家公司的电子邮件中，该领导"建议用'石头、剪刀、布'的方式来解决"。 对于出什么拳，两家公司有一个周末的时间可以进行思考准备。 最终，两家公司采取的策略截然不同，B 公司表示他们"没想太多"，认为 A 公司会出"石头"，于是出了"布"。 最后结果是A 公司胜出——因为 A 公司的主管的 11 岁双胞胎女儿提出了她们的专业建议："每个人都会以为别人要出石头。"所以，要想赢就出"剪刀"。

"石头、剪刀、布"猜拳游戏是一种零和博弈。 假设赢了加一分，输了扣一分，平手是零分，在游戏结束后把所有人的分数加起来，一定为零。"石头、剪刀、布"猜拳游戏的支付矩阵如图 1 所示。

		乙	
	石头	剪刀	布
石头	(0,0)	(+1,−1)	(−1,+1)
剪刀	(−1,+1)	(0,0)	(+1,−1)
布	(+1,−1)	(−1,+1)	(0,0)

图 1 猜拳游戏的支付矩阵

根据猜拳游戏的规则，若甲选择出"石头"，乙就不会选择出"剪刀"；若甲选择出"剪刀"，乙就不会选择出"布"；若甲选择出"布"，乙就不会选择出"石头"；反过来，也是一样的，因为两个人谁也不想输。

"石头、剪刀、布"猜拳游戏属于同时出招的博弈。 出招之前，我们不知道对手会出什么，于是必须设想若自己处在对手的位置会出什么，然后再推算这么出会带来什么样的结果。换句话说，就是**既要站在自己的角度考虑，又要站在博弈对手的角度考虑。**在这种类似的博弈中，我们可以使用三个策略：一是选择我们的优势策略；二是避免我们的劣势策略；三是寻找这个博弈的均衡策略。

在"石头、剪刀、布"猜拳游戏的支付矩阵的九个方格中，没有一个符合**"谁单独改变策略都没有好处"**的均衡标准。也就是说，"石头、剪刀、布"猜拳游戏的每个博弈参与者都没有明显的优势策略，也没有明显的劣势策略。

分析研究博弈的根本任务就是确定或者找出博弈的纳什均衡。"石头、剪刀、布"这个简单的猜拳游戏的例子给我们提出了一个很重要的问题，那就是如何解决"不存在"纳什均衡的博弈问题。在这类博弈中，最关键的不是博弈参与者应该选择哪个（纯）策略，而是博弈参与者如何才能不让博弈对手猜中自己将选择哪个（纯）策略。

在"石头、剪刀、布"猜拳游戏中，每个博弈参与者的出拳一定要避免规律性：不能总是出"石头"，或总是出"剪刀"，或总是出"布"，而且不能总是在对手容易预测你出"石头"的时候出"石头"、在对手容易预测你出"剪刀"的时候出"剪刀"、在对手容易预测你出"布"的时候出"布"。只要其中一个博弈参与者的出拳策略具有规律性并被博弈对手发觉，那么博弈对手就可以根据这种规律性，预先猜测到该博弈参与者的出拳，从而采取有针对性的策略轻易把该博弈参与者打败。因此，每个博弈参与者都要随机地出"石头"、"剪刀"或"布"，让对手摸不清规律，然后看能不能凭运气或者进一步的策略击败对手。博弈参与者的这种把自己的（纯）策略选择随机化的做法，就是博弈论建立"混合策略"概念的思想依托。

在"石头、剪刀、布"猜拳游戏中，每个博弈参与者都只有三个纯策略可以选择，混合策略是按照一定的概率分布，随机地从策略空间中选择三个纯策略中的某一个作为实际的行动。从博弈参与者甲的角度来看，有出"石头"、出"剪刀"、出"布"三个纯策略，还有以 p 的概率出"石头"、以 q 的概率出"剪刀"和以 $1-p-q$ 的概率出"布"的混合策略，这里 p、q 都是 0 到 1 之间的一个小数，甲的混合策略就是$(p,q,1-p-q)$。 可见混合策略不是纯粹出"石头"、"剪刀"或纯粹出"布"，而是以百分之多少的概率选择出"石头"、以百分之多少的概率选择出"剪刀"、以百分之多少的概率选择出"布"，这三个百分比加起来之和是 1，即 100%。

这样一来，博弈参与者甲和乙可以选择的策略就很多、有无穷多个。 这是因为，只要符合 p 和 q 的取值均小于 1，且 $p+q$ 也小于 1，混合策略$(p,q,1-p-q)$就有无穷多种选择，当然也包括 $p=0$、$q=1$ 或 $p=1$、$q=0$。

若 $p=0.4$，$q=0.35$，则 $1-p-q=0.25$，混合策略$(p,q,1-p-q)$就是出"石头"的概率是 0.4，出"剪刀"的概率是 0.35，出"布"的概率是 0.25。

若 $p=1$，则混合策略$(p,q,1-p-q)$出"石头"的概率为 1，也就是只出"石头"，不出"剪刀"和"布"，这就回到纯策略了。 可见，混合策略的概念是纯策略概念的拓展；混合策略包括纯策略，纯策略是混合策略的特例。

同样，博弈参与者乙也有类似的混合策略$(m,n,1-m-n)$，乙以 m 的概率出"石头"、以 n 的概率出"剪刀"、以 $1-m-n$ 的概率出"布"。

与混合策略相伴随的一个问题就是博弈参与者收益的不确定性。 当博弈参与者不清楚其他参与者的实际策略选择时，其收益就具有不确定性，博弈参与者只能通过计算期望收益的方式来预测自己的利益情况，从而确定自己的策略选择。

博弈参与者甲出"石头"，博弈参与者乙出"剪刀"，甲将得 +1，但是甲出"石头"的概率是 p，乙出"剪刀"的概率是 n，所以甲出"石头"、乙出"剪刀"的概率是 pn；类似地，甲出"石头"、乙出"布"的概率是 $p(1-m-n)$，甲将得 -1；甲出"剪刀"、乙出"石头"的概率是 qm，甲将得 -1；甲出"剪刀"、乙出"布"的概率是 $q(1-m-n)$，甲将得 +1；甲出"布"、乙出"石头"的概率是 $(1-p-q)m$，甲将得 +1；甲出"布"、乙出"剪刀"的概率是

$(1-p-q)n$，甲将得 -1。

因此，可得博弈参与者甲的期望收益：

$$U_{(p,q,1-p-q)} = pn + (-1)p(1-m-n) + (-1)qm + q(1-m-n) +$$
$$(1-p-q)m + (-1)(1-p-q)n$$
$$= q - p + m - n + 3pn - 3qm$$

按照同样的思路，博弈参与者乙的期望收益为

$$U_{(m,n,1-m-n)} = (-1)pn + p(1-m-n) + qm + (-1)q(1-m-n) +$$
$$(-1)(1-p-q)m + (1-p-q)n$$
$$= p - q - m + n - 3pn + 3qm$$

我们进行博弈分析就是为了找到博弈的均衡解。寻找均衡解的过程中，各个博弈参与者决策的**第一个原则是利用随机性，不让博弈对手知道或猜到自己的选择；第二个原则是选择每种策略的概率，一定要让博弈对手无法通过针对性地倾向某一个策略而在博弈中获得更多收益。**

也就是说，**一个博弈参与者在混合策略纳什均衡中应用一个混合策略时所得到的收益，必须与自己在混合策略中所应用的每一个纯策略的收益相同。**这是博弈参与者对另一个博弈参与者出招的一种最优反应，也称为"收益均等法"。

博弈参与者甲若希望自己在博弈中获胜，那么甲出"石头""剪刀""布"的概率分布一定要使得与乙出"石头"、出"剪刀"或出"布"的期望收益相等。

若乙出"石头"，其期望收益为 $q + (-1)(1-p-q) = p + 2q - 1$；

若乙出"剪刀"，其期望收益为 $(-1)p + (1-p-q) = 1 - 2p - q$；

若乙出"布"，其期望收益为 $p + (-1)q = p - q$

于是可得 $p + 2q - 1 = 1 - 2p - q = p - q$，则得到 $p = q = 1/3$，即博弈参与者甲的理想混合策略为 $(1/3, 1/3, 1/3)$，即各以 $1/3$ 为概率选取纯策略"石头"、"剪刀"和"布"。

同样的道理，博弈参与者乙的理想混合策略也为（1/3，1/3，1/3）。这时，不管是博弈参与者甲还是博弈参与者乙，都无法通过单独改变自己随机选择策略的概率分布，来改善自己的期望收益，**"单独偏离没有好处"**，因此这个混合策略组合是稳定的，也是混合策略纳什均衡。

"石头、剪刀、布"猜拳游戏是零和博弈，采取**"大中取小"原则**就能得到最佳策略。"大中取小"原则就是博弈参与者需先衡量博弈局势，考虑各种不同的策略所造成的最大损失或最坏结果是什么，然后再决定如何让损失最小化；其目标是追求**"最佳的可行性"**，而不是"最佳的可能性"。譬如，我们给汽车投保，就是希望将汽车可能的最大损失缩减到最小，就算损失保险费，也总比碰上车祸或发生意外的损失要小得多。

"大中取小"原则：博弈参与者首先分析不同的策略所造成的最大损失或最坏结果如何，然后再决定怎样让损失最小化；追求的是"最佳的可行性"，而不是"最佳的可能性"。

"石头、剪刀、布"猜拳游戏具有一种"非传递"的本质，造成结果彼此之间平衡的张力："石头"赢"剪刀"，"剪刀"赢"布"，并不代表"石头"赢"布"，反而会因为"布"赢"石头"，而让三者形成无限的循环。

这三个策略没有哪个策略能占绝对优势，每种策略都是对另外两种策略的最佳回应，因而能维持三者间的平衡。博弈参与者最好的办法就是采取混合策略，随机出"石头""剪刀""布"，三者平均分配，**"不轻易让别人知道自己的想法"**，这样才不会被博弈对手钻空子；若要获胜，也只有抓住机会，看博弈对手是否偏离了自己的混合策略纳什均衡，否则就只有碰运气了。

著名投资人查理·芒格曾说过："我这辈子就做两件事情：第一件事是寻找什么是有效的，然后坚持去做；第二件事是发现什么是无效的，然后坚决避免。"

像猜拳游戏这类同时出招的博弈，就是一个循环推理的过程。博弈参与者要找出自己的优势策略，并尽量选择它；然后找出自己的劣势策略，并尽量避免；最后不断简化博弈过程，找到博弈的均衡——也就是每个博弈参与者的策略都是回应其他博弈参与者的最佳策略。

同时出招的博弈，博弈参与者是同时行动，没有机会提前观察到彼此的选择。给定其他博弈参与者的策略选择，每个博弈参与者的最优策略依赖于自己的出招类型。而每个博弈参与者仅仅知道其他博弈参与者出招类型的概率分布，不知道其他博弈参与者实际上会选择什么策略；但是博弈参与者可以正确地预测到其他博弈参与者的策略选择与自己的出招类型之间的关系。因此，博弈参与者的决策目标就是**在给定博弈参与者出招类型，以及给定其他博弈参与者的出招类型与策略选择之间的关系的条件下，使得博弈参与者的期望收益最大化。**

现有甲、乙两人准备玩个数学游戏，游戏规则是：甲、乙各自亮出硬币的一面，若都是正面，则乙给甲 3 元；若都是反面，则乙给甲 1 元；其他情况，甲给乙 2 元。那么，甲该不该和乙玩这个游戏呢？

该游戏的支付矩阵如图 2 所示。

		乙	
		正面	反面
甲	正面	$(+3, -3)$	$(-2, +2)$
	反面	$(-2, +2)$	$(+1, -1)$

图 2　某数学游戏的支付矩阵

在这个数学游戏中，没有纯策略纳什均衡，应该采用混合策略纳什均衡。假设甲出正面的概率是 p，出反面的概率是 $1-p$；乙出正面的概率是 q，出反面的概率是 $1-q$。

甲为了使自己的期望收益最大化，应该在乙无论出正面还是反面（纯策略）时，使自己的收益都相等，即

$$3p + (-2)(1-p) = (-2)p + (1-p)，可得：p = 3/8$$

同理，甲出正面或反面（纯策略）时，乙的收益也相等，即

$$-3q + 2(1-q) = 2q + (-1)(1-p)，可得：q = 3/8$$

则甲采用正面或反面的纯策略，乙的收益是

$$-3q + 2(1-q) = -9/8 + 10/8 = 1/8$$

于是，就可以算出甲采用最佳混合策略，乙每次的期望收益是

$$q[-3p + 2(1-p)] + (1-q)[2p - (1-p)] = 1/8$$

即甲、乙双方都采取最佳策略，达到混合策略纳什均衡时，乙平均每次赢 1/8 元。 所以，甲不能和乙玩这个数学游戏。

只要乙采用了混合策略纳什均衡（3/8，5/8），则不论甲采取什么策略，都不能改变输的局面。 但是，当甲也采用混合策略纳什均衡（3/8，5/8）时，至少可以保证甲输得最少；否则，甲会输得更惨。

在混合策略纳什均衡中，博弈参与者采用一个混合策略时所得到的收益，必须与自己在混合策略中所采用的每一个纯策略的收益相等。

应如何防止博弈对手的预测呢？ 采用混合策略。 也就是说，博弈参与者用一种不可预测的方法做出决策，让自己的行为很难被博弈对手预测到。 譬如点球是守门员和射手之间的零和博弈，由于不存在纯策略的纳什均衡，于是无法给射手提供明确的怎么踢才能踢进的策略建议。 但是，若射手要参加很多次罚点球，使用"混合策略"就可以给射手一个系统取胜的明确指导。 **射手的混合策略是把守门员可能得到的最大收益最小化，**即射手首先要分析自己向左踢和向右踢进球的概率分别是多少，然后合理搭配自己向左踢和向右踢的概率分布，使得守门员不管是扑左边还是扑右边，自己进球的期望收益都是一样的。 在这种情况下，守门员向左扑和向右扑都一样，也就没有什么明确的好办法了。

一个理性的射手和一个理性的守门员玩点球博弈，必定是博弈双方各自使用自己的最佳混合策略，谁不用自己的最佳混合策略，谁就会被博弈对手抓住

漏洞，从而输掉点球大赛。

> **当我们无法获知博弈对手的出招策略时，最好的方法就是采取混合策略，给博弈对手造成不确定性。 其重点在于找出一个真正无法预测的随机出招策略，然后奉行无误。**

博弈对决时，若博弈参与者不知道对手将采取什么策略，要使自己做出最佳决策、期望收益最大化，需做好以下四步：

第一步，分析博弈对手采取策略的可能性，也就是概率分布；

第二步，计算清楚自己每个策略下的期望收益；

第三步，比较这些期望收益值的大小，找出使期望收益最大的那个策略；

第四步，采取使自己的期望收益最大的那个策略。

这里，最重要、最关键的问题就是能够获悉博弈对手采取何种策略的可能性（概率分布），博弈参与者要有各类可靠的信息来源，并有效地对信息加以处理和应用，形成信息优势，否则一切分析、决策都是无的放矢、空中楼阁。就像《空城计》中的司马懿由于对攻城和撤退的可能性（概率分布）预测错误，最终失去了活捉诸葛亮的大好机会。

我们懂得了混合策略的道理，就会相对看淡博弈的短期输赢，而更看重如何在长期的重复博弈中最终胜出。 亚马逊的总裁杰夫·贝索斯曾说："如果你做一件事，把眼光放到未来三年，和你同台竞技的人就很多；但如果你的目光能放到未来七年，那么可以和你竞争的人就很少了。 因为很少有公司愿意作那么长远的打算。"

我们不能高估1～2年就能取得的成就，更不能低估10年以后所能达到的高度；要着眼长远，不在乎当下的输赢，延迟满足，持续前行，数十年如一日地深耕其中，因为终极目标是未来收益的最大化。

不完全信息博弈：信息不对称的互动决策

生活是我们的所有决策的总和。 决策是我们对信息的反应。

决策涉及我们对信息的获取、传输、处理和利用等各种活动，以及我们对信息更深入的理解和把握。

"信息是事物运动状态或存在方式的表征和描述。"我们生活的世界是通过信息反映和呈现给我们的，这些信息在我们的脑海里经过了主观过滤和筛选。 信息散布在我们每个人的脑海中，它们的分布是不对称的。 一个人即使再聪明也掌握不了、处理不了全部信息；我们每个人所具有的各种能力，其实是我们所拥有的信息的反映。

在现实中，我们互动决策时就如同牌局中的牌手，每个人只知道自己手上的牌，对别人手中的牌只能去猜，掌握的信息和资源是有限的，彼此之间信息不对称，想要打出精彩的牌局赢得胜利就需要斗智斗勇。

决策是我们对信息的反应。

我们每个人所具有的各种能力，其实是我们所拥有的信息的反映。

完全信息博弈是指博弈中每一个博弈参与者对所有其他博弈参与者的特征、策略空间及收益（支付函数）有准确信息的博弈，没有事前的不确定性。

不完全信息博弈是指博弈中至少有一个博弈参与者对其他博弈参与者的特征、策略空间及收益（支付函数）的信息了解得不够准确的博弈，存在博弈决策的信息不对称。

信息不对称指一些博弈参与者拥有别的博弈参与者不拥有的"私人信息"，也就是说一些博弈参与者知道别的博弈参与者不知道的信息。 博弈中若包含"私人信息"，那么这种类型的博弈通常也被称为贝叶斯博弈。 有一个古董商到乡下收购古董，在一个农民的庭院里，他一眼就看出那个被用作猫食碗的茶碟是个价值不菲的古董。 他琢磨，不能让农民知道这个东西值钱，因此假装对那只猫十分喜爱，欲向农民把猫买下。 怎奈农民不卖，这个古董商费了好大劲、出了好高的价钱才使得农民勉强同意卖猫。 古董商抱着猫要走的时候，假装不经意地对农民说："这个碟子是这只猫用惯了的，就一块儿把它送给我吧。"谁知农民说："那怎么行！ 你知道我用这个碟子卖出多少只猫了吗？"古董商和农民都知道"这个茶碟是古董"这一信息，但是古董商却以为农民不知道，而实际上农民不但知道，还利用古董商"认为他不知道"的信息大赚了一笔。

信息不对称是指一些博弈参与者知道别的博弈参与者不知道的信息。

不完全信息博弈并不是完全没有信息，其博弈参与者至少需要有其他博弈参与者收益相关要素取值范围和分布概率的知识，而且这种知识是博弈参与者之间的共同信息。 譬如，玩"掼蛋"时，轮到博弈参与者自己出牌时，其只知道博弈对手的出牌信息，但对于博弈对手的手里都有些什么牌并不清楚，这就是一个典型的不完全信息博弈。 俗话说"知人知面不知心"，这也表明人与人的交往过程本质上是 种不完全信息博弈。

不完全信息博弈是指博弈中至少有一个博弈参与者对其他博弈参与者的类型、策略空间及收益的信息了解得不够准确的博弈，存在博弈决策信息不对称。

在现实生活中，不完全信息博弈是常态，有多种形式，如博弈参与者对其他博弈参与者的人数、所拥有的能力素质、所掌握的资源、遇事决策能力以及个人偏好等不完全了解；或对其他博弈参与者的可选择策略不完全了解；或博弈参与者对其他博弈参与者的收益或支付函数不完全了解。 博弈参与者需要对这些不完全信息做出主观判断，并在此基础上进行决策，从而决定自己的行为。

信息既是我们决策的制约，也是我们决策的驱动。 在信息不对称的情况下，博弈参与者不再是使自己的收益最大，而是要使自己的期望收益最大。 譬如，如果让博弈参与者在 50％的概率获得 300 元与 10％的概率获得 1000 元之间选择的话，其该如何决策？ 答案应该是：前者的期望收益所得是 150 元，后者是 100 元，故应选前者。

信息既是我们决策的制约，也是我们决策的驱动。

不完全信息博弈中的静态博弈和动态博弈的划分，也是和信息概念相联系的。 在不完全信息博弈中，若博弈参与者同时行动，或虽非同时但后行动者不知道先行动者的行动，此类博弈我们称为不完全信息静态博弈。 不完全信息静态博弈的均衡通常称为贝叶斯纳什均衡。

在现实中，不完全信息静态博弈的实例比比皆是。 许多经济行为都符合不完全信息静态博弈的模式。 譬如，我们熟知的二手车交易市场，卖家要比买家拥有更好、更多的交易信息，特别是针对车况信息，卖方具有完全信息，而买方不具备完全信息；因此，二手车交易市场买方和卖方的博弈是一个典型的不完全信息静态博弈。 又譬如，初次见面的两个陌生人彼此对对方的性格、人品、能力、爱好等信息不完全了解，存在信息不对称，因此，两人之间的交往博弈也往往是建立在不完全信息的基础上的。

不完全信息静态博弈，是指在不完全信息博弈中博弈参与者同时行动，或虽非同时但后行动者不知道先行动者的行动。

《空城计》的故事我们都十分熟悉，下面以它为例阐述不完全信息静态博弈及其特征。

街亭失守后，魏军主帅司马懿率 10 万大军直奔西城，当时诸葛亮身边只有一班文官和约 2000 名军士。 蜀军众官兵听到这个消息，尽皆大惊失色。 诸葛亮令官兵将旌旗尽皆藏匿，大开所有城门，每一城门安排 20 军士，扮作普通老百姓洒扫街道。 诸葛亮自己羽扇纶巾，带两书童于城楼凭栏而望，焚香操琴。 司马懿于西城外远远望之，见诸葛亮神态自若，顿时心生疑忌，难下攻城决断。此时，又接到远山中可能有埋伏的情报，于是命后军作前军，前军作后军，急速退去。司马懿之子司马昭问道："莫非诸葛亮无军，故做此态，父何故便退兵？"司马懿说："亮平生谨慎，不曾弄险，今大开城门，必有埋伏，我兵若进，必中计也。"诸葛亮见魏军退去，拊掌而笑，众官兵无不骇然。诸葛亮说，司马懿"料吾生平谨慎，必不弄险，疑有伏兵，所以退去。吾非行险，盖因不得已而用之，弃城而去，必为之所擒"。

司马懿虽然兵多将广，但不清楚自己和诸葛亮在不同策略行动下的收益，他关于自己进攻和撤退策略行动的收益信息是不完全的。诸葛亮虽然处于劣势，但知道博弈的结构，比司马懿掌握了更多的博弈信息，所以他的策略是尽可能模糊信息来迷惑司马懿，目的就是不让司马懿知道其策略行动的收益，加大司马懿认定进攻失败的主观概率，降低其对进攻的预期收益，使司马懿认为进攻的期望收益小于撤退的期望收益。

其实，客观来说，以司马懿的智慧，他不可能看不出这是一座空城。而即使攻城存在不确定性，但试探虚实的成本也不高。关键是司马懿的心里还存在着一个更重要的博弈，即他与曹魏家族的博弈，若纵兵这座空城、生擒诸葛亮，曹魏家族就失去了诸葛亮这个对手，那么司马懿对曹魏家族也就失去了存在价值。司马懿与诸葛亮、司马懿与曹魏家族，这两个博弈是相互关联的，彼此之间相互影响。智慧如诸葛亮也一定能理解司马懿的处境。当诸葛亮使出空城计这样的局时，他也是经过深度思考、有一定把握的，他知道即使司马懿知道这是一座空城，也不会真的带兵攻城，而只会将计就计把大军撤走，这才是真正的博弈高手。《空城计》的故事虽然无法从历史上得到考证，但还是带给我们很多思考、很多启示。

在不完全信息静态博弈中，各博弈参与者虽然完全清楚自己的收益，但却无法确定其他博弈参与者的收益特征。信息不对称、存在不确定性是我们决策的常态，那么如何在这种情形下做出理性、一致的互动决策呢？我们无法掌握所有的博弈信息，也不可能料事如神，更无力精准预测未来，但也不是一无所知，我们应该或尽可能有效运用自己所掌握的有限博弈信息，谋取互动决策的收益最大化。

在不完全信息静态博弈中，并非所有博弈参与者都知道同样的、对等的信息，除了公共信息外，每个博弈参与者都有自己的私人信息。每个博弈参与者在进行策略选择时，都需要猜测其他博弈参与者的私人信息，也同样需要猜测其他博弈参与者对自己私人信息的猜测，这种对私人信息的猜测的猜测序列可以无限地持续下去。

一般情况下，一个博弈参与者至少对其他博弈参与者的各种"类型"（包括与其决策相关的任何私人信息）出现的概率分布有一个相对判断，这样才可能根据他们的各种收益的可能性，计算推导出他们平均意义上会做出的策略选择，并对自己的每种策略的期望收益有所估计，从而进行最优策略选择。

不完全信息动态博弈，是指不完全信息博弈中博弈参与者行动有先后，且后行动者知道先行动者的行动。

在不完全信息博弈中，若博弈参与者行动有先后，且后行动者知道先行动者的行动，则此类博弈称为不完全信息动态博弈。

由于信息不完全这个根本特征是一致的，不完全信息动态博弈与不完全信息静态博弈在许多方面是相似的，如都可以把信息不完全理解成对类型的不完全了解。

现实中的博弈，绝大多数是不完全信息动态博弈，不仅在经济领域存在不完全信息动态博弈，在社会生活的其他方面也有许多此类博弈的实例。譬如，求婚问题就是不完全信息动态博弈。不完全信息动态博弈分析有重要的应用价值，可指导解决经济学、社会学及其他学科领域的问题。下面以古玩市场的讨价还价问题为例，深入了解不完全信息动态博弈及其特征。

了解古玩市场的人通常都有深刻的感受：古玩的价格太玄乎，常常让人琢磨不透。古玩市场上每一笔买卖的成交都会给买卖双方留下一个大大的、难以拉直的问号。 买方可能会想："我付的价格是不是太高了？是否还有杀价的余地？"同时，卖方也可能想："我是否卖得太便宜了？若再坚持一下，也许价格还能再高一些……"当然，也可能存在双方都满意的交易，或者交易中买方捡漏、卖方发横财等情况。 不管怎么说，古玩市场是一个最容易让人摸不准、疑心重重、常常后悔的交易市场。

古玩交易让人困惑、难以放心的根本原因不在于古玩的价格昂贵，而在于古玩的价值取决于交换价值，而不是其使用价值，这就导致古玩的价值的客观程度较低而主观程度较高。 因此，古玩价值的评价就十分困难，而且买卖双方也很难了解彼此对古玩的评估。 对买方而言，一是对自己想买的古玩的价值的评估没有把握，难以相信自己的判断，这导致购买的犹豫不决；二是买方对卖方的进价和估价缺乏了解，没办法确定卖方愿意接受的真正最低价格，这导致任何价格的成交都难以让买方肯定自己完成了一笔成功的古玩交易。 对卖方而言，一是可能对自己所卖的古玩的真实价值判断失误，从而使把价值很高的古玩廉价贱卖的事情时有发生；二是难以完全清楚买方对古玩的估价和购买的迫切程度，心中总会怀疑是否还能从买方那里获取更多的利润。 在古玩交易中，买卖双方都对自己和对方存在很多疑问，这就使得古玩交易市场难以琢磨。

当然，买卖双方对古玩价值都有自己明确的判断，买方根据自己的心理效用、预期转卖价格等形成估价，而卖方则依据自己的进价、销路等形成估价，这意味着以一定价格完成古玩交易后，买卖双方都很清楚自己的收益，即买方的是估价减价格，而卖方的是价格减估价。 由于买卖双方都无法知道彼此的估价，因此对彼此的收益也就不可能完全清楚；另外，古玩市场的交易一般都是卖方先开价，然后买方再还价，直至达成一个买卖双方都接受的价格或放弃交易。 可见，在买卖双方都有自己确定的估价（私有信息）的前提下，古玩交易就是不完全信息动态博弈。

在现实中，并不是只有古玩交易活动才有不完全信息动态博弈的特征，其他许多交易活动在一定程度上也存在不完全信息动态博弈的特征——主要是因为交易双方难以完全搞清楚彼此做成买卖的迫切程度。而这也正是在许多交易活动中买卖双方常常从"漫天要价、就地还价"开始，逐步进行讨价还价的原因，因为买卖双方都想从这个讨价还价的过程中获得更多关于对方的估价、成交收益等信息，从而更加精准地决策，争取最大收益。

不完全信息动态博弈过程不仅是博弈参与者选择策略行动的过程，而且是博弈参与者不断修正自己理念（理性高度的观念）的过程。博弈参与者的理念是随着其他博弈参与者的实际行动（简称证据）发生改变、持续进化的。根据贝叶斯公式：

$$p(A/B) = \frac{p(B/A)}{p(B)} \times p(A)$$

可得"理念"修正的方程式为：

$$p\,(\text{判断}\,/\,\text{证据}\,) = \text{似然比} \times p\,(\text{判断}\,)$$

这里，p（判断）是博弈参与者的老"理念"，新证据发生之后，新"理念"是 p（判断/证据）。

即

$$\text{新"理念"} = \text{老"理念"} \times \text{似然比}$$

可见，一开始博弈参与者根据其他博弈参与者的不同类型及其所属类型的概率分布初步建立自己的判断（老"理念"）；当博弈开始后，该博弈参与者就会根据所观察到的其他博弈参与者的实际行动来不断肯定或修正自己的初步判断，并根据这种不断迭代完善的判断（新"理念"），选择对自己最有利的策略行动。

不完全信息动态博弈过程不仅是博弈参与者选择策略行动的过程，而且是博弈参与者不断修正自己理念的过程。

在一个信息不对称的世界里，无论赋予我们什么样的有限的信息和资源，我们都要善于运用自己的智慧和理念，把握问题的全貌，预测可能的事件，做出最佳决策，找到切实可行的问题解决对策，活出精彩人生。

合作博弈：集体理性决策

《国富论》中说："人类几乎总是倾向于向他的同伴寻求帮助，尽管仅仅从同伴的仁慈中寻求这种帮助是徒然的。 如果人们能够自愿地享受他们的自爱并向他人展示正是为了自身的利益去做他人需要我们做的事，这种行为就会很容易地在人群中传播开来。"可见，即便是利己主义者之间，也存在着彼此互助、合作的现象。

合作博弈是指博弈过程中博弈参与者的利益都有所增加，或者至少是博弈一方的利益增加，而其他博弈方的利益不受损害。 这种博弈关系是有效率的，强调的是集体理性，是正和博弈，因而使整个社会的利益有所增加。 合作博弈不考虑博弈参与者的个体理性问题，仅关心博弈参与者通过有约束力的协议来得到可行的结果。

在囚徒困境中，两个博弈参与者采用（坦白，坦白）背叛策略组合的收益是（-5，-5），采用（不坦白，不坦白）合作策略组合的收益是（-2，-2）。 由（-5，-5）到（-2，-2），每个博弈参与者的收益都增加了，得到了一个帕累托改进。

帕累托改进是以意大利经济学家帕累托的名字命名的，其意思是这个改进能在不损害任何一个人的利益的同时，使得至少一个人的境遇变得更好。

若一个局面已经好到没有帕累托改进余地的状态，这个局面就叫帕累托最优。

基于博弈参与者的个体理性决策，合作策略组合（不坦白，不坦白）不是纳什均衡。 但是，若两个博弈参与者在博弈之前签署一个有约束力的协议：两个博弈参与者都承诺选择不坦白，为保证承诺的实现，两个博弈参与者都向第三方支付价值大于 2 的保证金；谁违背了这个协议，则放弃保证金。 有了这样一个协议，合作策略组合（不坦白，不坦白）就成为一个纳什均衡，每个博弈参与者的收益都会得到改善。 这也就是通过一个有约束力的协议，基于集体理性做决策，使原来不能实现的合作策略组合变成一个纳什均衡。 而其中的关键在于是否达成一个具有约束力的协议，若有，就是合作博弈；反之，则是非合作博弈。 合作博弈强调的是集体理性、公平和效率（二者存在冲突时，不同的合作博弈会强调公平、效率的不同侧面）；而非合作博弈强调的是个体理性和个人决策最优，其结果可能是无效率的，也可能是有效率的。 最典型的例子就是寡头市场上的竞争与合作。 若两个寡头以最大化自己的利润为目标，而不管对方的利润怎样，这就是非合作博弈。 若两个寡头签订有约束力的协议，共同最大化垄断利润，并将合作所带来的总利润在彼此之间进行分配，这就是合作博弈。

合作博弈与非合作博弈的本质区别在于是否达成一个具有约束力的协议。若有，就是合作博弈；反之，则是非合作博弈。

合作博弈研究的是博弈参与者的策略行为相互作用时，博弈参与者之间能否达成一个有约束力的协议，以及如何分配合作得到的收益，即收益分配问题。

合作博弈考虑的是博弈参与者之间如何组建联盟，以实现有约束力合作协议的目标。 它采取的是合作的方式，基于集体理性进行决策，能够产生合作收益，增加博弈参与者的收益以及整个社会的利益。 博弈参与者如何分配合作收益取决于博弈参与者的力量对比和技巧运用。

在 n 人博弈中，用 $I=\{1, 2, 3, \cdots, n\}$ 表示博弈参与者集合，I 的任意子集 s 称为一个联盟，联盟是否存在需满足两个条件：

> ➢ 联盟的整体收益大于其每个联盟成员单独经营时的收益之和；
> ➢ 每个联盟成员都能获得比不加入联盟时多的收益，即联盟内部具有帕累托改进性质的分配规则。

可见，分配规则是合作博弈存在、巩固和发展的关键因素，可实现联盟内部的有效资源配置、利益分配，达到帕累托最优。

在生活中，我们常常听说超市采取价格联盟的合作博弈。假设某城市里有沃尔玛、永辉、华润万家、物美、家乐福等大型超市，由于超市太集中，经常会彼此打促销战，导致各超市的销售净利润下降。于是各超市组成一个价格联盟来限制各自的竞争行为，同时还设置了一个惩罚机制，譬如我们在很多超市都能看到的警示语："如果顾客在 5 公里之内、同等规模的超市内发现更低价，我们将双倍退还差价。"这样，顾客就承担起了发现价格下降信息的职能。若某个超市的商品降了价，其他超市会联合起来更加大幅度地降价，从而约束单个超市的降价行为。

不仅我们人类社会存在这种联盟性质的合作博弈，在动物界这种合作博弈也是比比皆是。我们都知道鳄鱼是很凶残、很可怕的动物，但它也会遇到自身难以解决的困难，如牙缝里塞了东西，隐隐作痛，而且很长时间都感到牙齿不舒服。这时候，飞来了一只小鸟，小鸟对鳄鱼说："我叫牙签鸟，可以帮你把牙齿里的东西啄出来，但是我害怕你会把我吃掉。"鳄鱼想了想，回答道："如果你能答应我，以后定期帮我清理牙缝里的东西，我可以保证不吃你。"于是，牙签鸟和鳄鱼达成了和平协议，结成了联盟，变成了密不可分的"好朋友"。

初次听到或看到这个故事，可能会不太理解鳄鱼的行为——为什么送入口的美餐也不吃？其实原因很简单，鳄鱼需要这个身子小巧、嘴尖利，却很"能干"的合作伙伴来帮它清理口腔及牙齿中的残留食物，以免除口腔疾病的困扰。而牙签鸟又为何冒生命危险去当鳄鱼的"口腔清洁师"呢？因为它身体太小，发现的食物总是被别的动物先抢走，鳄鱼齿缝里的食物残渣在它眼里如同上等的美食，可以让它美美地吃上一顿。鳄鱼和牙签鸟之间的行为是互惠互利的，可以用"合作博弈"来描述鳄鱼和牙签鸟这一联盟关系。

合作博弈考虑的是博弈参与者之间如何组建联盟，以实现有约束力合作协议的目标，以及如何分配合作得到的收益。

　　在现实经济活动中，为了形成有效率的合作，关键是要能够在多人合作博弈中给出一个合理的收益分配方案。 1953 年，著名运筹学家夏普利采用逻辑建模方法解决了这一核心问题。 首先，夏普利归纳了三条合理的分配原则：**报酬只与各人的贡献有关；利润属于工作者；若有两份工作，就可以得到两份报酬**。 这三条分配原则也就是博弈参与者 i 从 n 人联盟博弈中获得的收益应当满足的基本性质。 然后，夏普利证明满足这些性质的合作博弈解是唯一存在的，同时给出了夏普利值的计算公式，最终解决了合作收益的分配问题。

　　这里讲一个经典故事来说明合作收益的分配问题：甲和乙两个朋友结伴旅游，其中甲带了 5 块饼，乙带了 3 块饼。 在风景点两人准备一起吃午餐，这时，有一个游人丙路过，因风景点偏僻，丙无法购买食物，便与甲、乙商量能否与他俩一起吃午饭，甲、乙两人欣然同意。 甲、乙和丙将 8 块饼全部吃完了。 吃完饭后，丙感谢他们的午餐，给了他们 8 个金币。 然后丙继续旅游。甲和乙对这 8 个金币的分配产生了分歧。 甲说：“我带了 5 块饼，理应我得5 个金币，你得 3 个金币。”乙不同意：“既然我们在一起吃这 8 块饼，理应平分这 8 个金币。”乙坚持认为两人应各分 4 个金币。 为此，乙找到公正的夏普利。 夏普利说：“孩子，甲给你 3 个金币，因为你们是朋友，你应该接受它；如果你要公正的话，那么我告诉你，公正的分法是，你应当得到 1 个金币，而你的朋友甲应当得到 7 个金币。”乙不理解。 夏普利说：“是这样的，孩子。 你们 3 人吃了 8 块饼，其中，你带了 3 块饼，甲带了 5 块饼，一共是 8 块饼。 你吃了其中的 1/3，即 8/3 块，丙吃了你带的饼中的 $3-8/3=1/3$；你的朋友甲也吃了 8/3，丙吃了他带的饼中的 $5-8/3=7/3$。 这样，丙所吃的 8/3 块饼中，有你的 1/3，甲的 7/3。 丙所吃的饼中，属于甲的是属于你的 7 倍。 因此，对于这 8 个金币，公平的分法是：你得 1 个金币，甲得 7 个金币。 你看有没有道理？”乙听了夏普利的分析，认为有道理，愉快地接受了 1 个金币，而让甲得到了 7 个金币。

　　从这个故事中，我们可以理解夏普利提出的对金币的公平分法遵循的原则是：**所得与自己的贡献相等，多劳多得，少劳少得，不劳不得。** 这就是夏普利值的核心思想，目的是解决多人博弈中参与者收益分配比例的问题。

合作博弈并不仅仅是一种博弈，还是解决问题的一种思想和方法。"集体理性"提供了改进效率的可能性。

夏普利值，就是一个人、一个组织在所有可能的加入联盟的次序下，对联盟做出的边际贡献的平均值。 它反映的是，当这个联盟多一个人或一个组织时到底会怎样。 可以先设想，当这个联盟中一个人或一个组织都没有，我们是第一个加入时，能贡献多少价值；当已经有一个人或一个组织，我们是第二个加入时，能贡献多少价值。 后面同理，计算出当我们是第三个、第四个……加入时，分别能贡献多少价值，最后再算出这些价值的平均值。 这个平均值就是我们在联盟中的夏普利值。

夏普利值的计算公式如下：

$$\varphi_i(n,v) = \left\{ \sum R\left[v_i(s) - v_{i-1}(s)\right]\right\} / n!$$

式中，R 是 n 个博弈参与者的排列，R 有 $n!$ 个；s 为 R 中的一个排列；$v_i(s)$ 为包括博弈参与者 i 及在他之前的博弈参与者集合组成的联盟的收益值，$v_{i-1}(s)$ 为在他之前的博弈参与者（不包括 i）集合组成的联盟的收益值。 于是我们可以看到：

（1） $v_i(s) - v_{i-1}(s)$ 是某一种排列下博弈参与者 i 的边际贡献；

（2） 博弈参与者的夏普利值等于他对联盟的边际贡献之和除以各种可能的联盟组合；

（3） 所有博弈参与者的夏普利值之和为 v；

（4） 夏普利值 $\varphi_i(n,v)$ 为期望贡献；

（5） 得到夏普利值的前提是各博弈联盟形成的可能性是均等的。

可以从概率的角度来理解夏普利值的思想。 假设博弈参与者按照随机顺序形成联盟，则每种顺序发生的概率都相等，均为 $1/n!$。 博弈参与者 i 与其前

面的 $(|s|-1)$ 人形成联盟 s（$|s|$ 表示联盟 s 的参与者人数），博弈参与者 i 对该联盟的边际贡献为 $v_i(s)-v_{i-1}(s)$。由于 $s/\{i\}$（不包含博弈参与者 i）与 n/s（不包含联盟 s）的博弈参与者的排列共有 $(|s|-1)!$ $(n-|s|)!$ 种，因此，每种排列出现的概率就是 $\dfrac{(|s|-1)! \ (n-|s|)!}{n!}$。可见，博弈参与者 i 在联盟 s 中的边际贡献的期望收益恰好就是夏普利值。

现假定有一个老板、一个工程师和两名工人。已知老板有工厂，但没有工程师和工人，无法赚钱；若老板和工程师合作，没有工人，两个人大材小用临时充当工人，每个月可以赚 6 万元；若在有老板和工程师的基础上，加入一个工人，每个月可以赚 9 万元，再加入一个工人就可以赚到 12 万元；但是，若只有老板和工人，没有工程师，就没有办法开工。那么，这 12 万元的利润该如何分配呢？

下面分别以 1、2、3、4 代表老板、工程师和两名工人，则 $n=4$。

由于每种排列出现的概率是 $\omega(|s|)=\dfrac{(|s|-1)! \ (n-|s|)!}{n!}$，则博弈参与者 i 在合作收益中应得到的收入为：

$$P_i=\sum\omega(|s|)[v_i(s)-v_{i-1}(s)], \quad i=1,2,\cdots,4$$

（1）一个博弈参与者为一个联盟

$$v(1)=v(2)=v(3)=v(4)=0$$

$$\omega(1)=\frac{(4-1)! \ (1-1)!}{4!}=\frac{1}{4}$$

（2）两个博弈参与者为一个联盟

$$v(1,2)=6,v(1,3)=0,v(1,4)=0,$$

$$v(2,3)=0,v(2,4)=0,v(3,4)=0$$

$$\omega(2)=\frac{(4-2)! \ (2-1)!}{4!}=\frac{1}{12}$$

（3）三个博弈参与者为一个联盟

$$v(1,2,3)=9,v(1,2,4)=9,$$

$$v(1,3,4)=0, v(2,3,4)=0$$

$$\omega(3)=\frac{(4-3)!\ (3-1)!}{4!}=\frac{1}{12}$$

（4）四个博弈参与者为一个联盟

$$v(1,2,3,4)=12$$

$$\omega(4)=\frac{(4-4)!\ (4-1)!}{4!}=\frac{1}{4}$$

所以，老板的应得收入为：

$$P_1=\frac{1}{4}\left[v(1)-v(0)\right]+\frac{1}{12}\left[v(1,2)-v(2)+v(1,3)-v(3)+v(1,4)-v(4)\right]+$$

$$\frac{1}{12}\left[v(1,2,3)-v(2,3)+v(1,2,4)-v(2,4)+v(1,3,4)-v(3,4)\right]+$$

$$\frac{1}{4}\left[v(1,2,3,4)-v(2,3,4)\right]$$

$$=0+0.5+1.5+3$$

$$=5$$

同理可得：

$$\varGamma_2=5,\ \varGamma_3=1,\ \varGamma_4=1$$

所以，按照每个人的边际贡献（夏普利值）来分配应该是老板得 5 万元，工程师得 5 万元，两个工人每人得 1 万元。当然，在现实中，工程师所得收益一般是没有老板所得收益高的。

在合作博弈中，博弈参与者遍历所有可能的加入联盟的排列，那么博弈参与者加入联盟时的边际贡献平均值就是夏普利值。夏普利值由于自身的唯一性、简单性，现已在各个领域中都得到了广泛而深入的应用，特别是在政治领域、经贸合作领域等。

夏普利值是博弈参与者在联盟中的边际贡献的期望收益。

诺贝尔经济学奖得主罗伯特 · 约翰 · 奥曼认为：合作方法和非合作方法不

应当被看作是不同类型的博弈；它们是看待同一个博弈的不同方式。 纳什也认为所谓合作博弈，是在博弈前就存在无限的信息交流，而且在博弈前就存在有约束力的协议。

　　尽管合作博弈和非合作博弈研究的角度和框架不同，但其只是对博弈思想进行"画像"的两个不同工具而已，不能截然分开。 也就是说，博弈是一个"理念"，而合作博弈和非合作博弈是其的两个"影子"。

博弈的思维方式

"人生·工作的结果＝思维方式×热情×能力"

——经营之圣稻盛和夫

诺贝尔经济学奖得主保罗·萨缪尔森说过："了解了博弈论，会改变你一生的思维方式。"

思维方式是我们看待事物的角度、方式和方法，对我们的思想、行为起着决定性作用；它关乎着我们为人处事的格局，关乎着我们的事业发展和人生成就，更决定了我们生活和工作的幸福指数。

我们的生活和工作中出现的所有问题都可以视为博弈。 如何**把握这些问题的全貌（博弈的结构）、预测可能将要发生的事情，以及找到切实可行的最优策略**，是我们分析问题、解决问题的三个目标。

博弈就是在系统思维的基础上进行理性换位思考，"正向展望、逆向推理"，采取最优策略，以最小代价取得最大收益。

从博弈的全局整体、对立统一以及理解他人的维度来看，系统思维、逆向思维、换位思维是博弈的最基本、最重要的思维方式。

思维方式：人生·工作结果的第一要素

伟大的科学家阿尔伯特·爱因斯坦说："我想知道上帝是如何创造这个世界的。对于这个或那个现象、这个或那个元素的谱，我不感兴趣。我想知道的是他的思想，其他都是细节问题。"

古典哲学的创始人依曼努尔·康德说："重要的不是给予思想，而是给予思维。"

尽管我们天天在用思维、想事情，但当有人问我们什么是思维时，我们是否能够相对准确地回答呢？相信我们每个人都会有自己的认知和理解。

伟大的哲学家和思想家柏拉图说：**"思维是灵魂的自我谈话。"**

现实中，我们经常讲思考、思维和思想，但往往将这三者混为一谈，真正能将其关系理清的是少数人。那么，思考、思维、思想的含义究竟是什么？其关系又如何呢？

《现代汉语词典》：**思考**是进行比较深刻、周到的思维活动。**思维**，相对于存在而言，是指认识活动的总称；相对于感性认识而言，是指理性认识及其过程。

《简明社会科学词典》：**思维**是从无序到有序，从感性到理性的思考。

《辞海》：**思想**是思维活动的结果，亦称"观念"，属于理性认识。人们的社会存在决定人们的思想。**思维**，理性认识，或指理性认识的过程，是人脑对客观事物能动的、间接的和概括的反映。认识的真正任务在于经过感觉而上升到思维。思维的形式是概念、判断、推理等；思维的方法是抽象、归纳、演绎、分析与综合等。

可以看出，思考、思维、思想三者之间既有联系又有区别，是源泉、方法和结果的关系。 思维与思想的关系类似于我们常说的"授人以鱼不如授人以渔"中的"渔"和"鱼"的关系，传授既有思想，不如传授思想产生的方法。

"思考是源；思维是法；思想是果。"

思维是有序地思考问题，是方法，是无形的，涵盖了我们对事物的根本特征和事物间关系的认知，类似于公式计算，输入参数就能得到结果。 而思想是思维活动的结果，也就是那个"公式计算"的结果。 现实生活中，我们要创造具有时代气息的、有形的传承，就必须对思维的"同类公式"进行总结，找到其整体规律，将思想表达出来。

思维方式就是我们在生活和工作中分析问题、解决问题，以及认识世界、改造世界的出发点、原则和方法的总和；它是我们的思维规律的"总和"，是我们看待事物的角度、方式和方法，对我们的思想、行为起着决定性作用，体现了我们的思想和行动规律。 思维方式还能决定我们的事业发展和人生成就，更能决定我们生活和工作的幸福指数。

譬如，近代天文学的奠基人第谷达到了用肉眼观测天文的极致。 但是，第谷临死的时候却说："我多希望我的一生没有虚度。"显然，他对自己所取得的成就并不满意。

第谷临死的时候把大量极为精确的天文观测资料交给了自己的学生——开普勒。 开普勒利用这些资料，用了大约 9 年时间就发现了行星运动的三大定律（轨道定律、面积定律、周期定律）。 第谷之所以不开心，是因为他看到了现象的繁杂，却没有找到繁杂背后的本质，而开普勒则破除表象迷障，发现了行星运动的规律，可以说，行星怎么运动由开普勒说了算。 开普勒被称为"天空立法者"。

基于相同的天文观测资料，为什么开普勒取得了比他的老师第谷更大的成就？ 这是因为第谷是地心学说的坚定支持者，而开普勒相信日心学说。 开普勒切换视角后，用日心学说的模型来套用老师第谷的数据，就很快揭示出了行星运动的规律。 这根本不是两个人之间天分、勤奋的竞争，而是两种思维方式的竞争。

著者还记得自己在刚刚参加工作时不管是从事工程建设工作，还是教书育人工作，都觉得自己只要把工程搞好、把课讲好、有独立承担的科研项目、能力强就可以谁也不惧。 慢慢地，随着阅历的丰富，看到、经历的事越多，著者感觉到能力只能排第二位，而对工作的热情和对工作的责任担当比能力更重要，只要自己全力以赴去做就能产生很强的成就感和自信心。 之后，随着自己岗位的调整，承担的责任越来越大，著者觉得能力的重要性又减弱了，只能排第三位，一个人看待问题的角度、方式和方法，比工作热情和工作能力更重要。 特别是，当看到经营之圣稻盛和夫（一个人缔造了两个世界 500 强企业）给出的表达人生和工作结果的方程式时，著者内心立即产生了共鸣。

伟大的思想往往能够脱离载体而存在，真理本身与发现或创造它的人无关。

稻盛和夫归纳总结的方程式：

$$人生·工作的结果＝思维方式×热情×能力$$

能力既有先天的，也有通过后天的努力获得的，是我们人生中重要的资产，可取 0～100 分的值。 热情是由我们的精神、意志决定的，表示自身的努力程度，可取 0～100 分的值。

思维方式最重要、是第一要素，它发自我们的灵魂深处，是看不见的，比较主观并且是不断变化的，它关乎能力、热情这两个维度的发展方向、宽度和深度。 思维方式决定了我们愿不愿意付出努力、愿不愿意热爱自己的事业，决定了我们的能力会不会提升，以及未来的发展方向。

　　思维方式与能力和责任担当不同，其正确与否要受到持续的追问，它的变化幅度是最大的，它可以是正值也可以是负值，可取－100～100 分的值。

　　能力、热情、思维方式这三个要素是相乘的关系，若三个要素的取值略有差异，就会导致人生·工作的结果差别很大。譬如，有甲和乙两个人，甲的能力取值 70 分，其对工作的热情取值 90 分，那么这两个要素的乘积就是 6300 分；而乙的能力取值 95 分，但其对工作的"热情"仅取值 65 分，那么两个要素的乘积就只有 6175 分。从中可以看出，两人的能力有差距、有大小，但可以通过对工作的投入、对事业的热情来弥补。若甲、乙两人中，某人的思维方式取值为负值，即小于 0 的值，那么此人的三要素乘积也是负值，这意味着此人的能力越强、工作越努力，反而对组织、对社会的危害越大。

人生·工作的结果＝思维方式×热情×能力

　　热爱生命，开放、接受变化、努力奋进；不厌辛劳、有利他心、愿他人好、愿为国家/集体的幸福拼命工作等，这样的思维方式就是正值。封闭、抵制变化、故步自封；愤世嫉俗、怨天尤人，否定真诚的人生态度，不热爱国家/集体、不珍爱生命等，这样的思维方式就是负值。

　　在我们的人生中，拥有正值的思维方式才是最重要的。若拥有负值的思维方式，则我们的人生会迎来负面的结局。形象地说，**若没有正值的思维方式，就好像盲人在参加一场异常激烈的人生对抗，注定无法赢得人生的胜利。** 要想度过幸福、成功的人生，就必须具备正值的思维方式。

　　"性格决定命运"，就是一个人不断重复自己的思维方式，正值的、负值的，最终会得到与自己的行为相对应的结果。

　　我们人与人之间的最大差异就是思维方式，我们的每个念头、每种言行，

都是思维方式的无意识写照。 概括而言，思维方式就是我们所拥有的思维模型的有序选择和组合应用，是多种思维模型的具体体现。

思维模型就是我们对真实的客观世界的一种主观抽象描述，决定了我们观察事物和看待世界的视角。 我们不能或很难看清真实的客观世界（如"盲人摸象"），因为我们是透过自己主观建立的思维模型来认知客观世界的，而思维模型的对错与否、先进与否，其实决定了我们所认知的客观世界的样子。

通过思维模型来分析问题，就能弥合存在于我们的主观世界和真实的客观世界之间的鸿沟，即使缺乏实际知识或经验，我们也能更科学地找到解决问题的办法，做出最佳决策。 好的思维模型能提高我们成功的可能性，帮助我们避免失败。

思维模型就是解决问题的有效策略，本身并没有水平高低之分，只是适用于不同的场景，不同的问题可采用不同的思维模型。

思维模型其实就是有助于我们调取所学知识和以往经验的简单方法。 有效性是思维模型最重要的特征。 思维模型的有效性可分为三个层次：一是经验——可解决具体问题，是短期的，微观有效；二是方法论——基于经验或实证研究的原理，基于大样本，中观有效；三是重要学科的重要原理——是长期的，宏观有效。

思维模型就像"安装"在我们大脑中的 APP 应用程序。 我们可以把自己的思维模型想象成我们大脑中用于决策的工具箱中的工具，工具的类型越丰富、功能越实用，我们就越能高效地做出正确决策。 工具箱中有我们最喜欢的锤子和其他工具，若觉得用锤子最顺手，我们也许每次都最优先选择用它。 不过，这并不是说某一种思维模型就比其他思维模型更好。 尽管锤子很好也用得很顺手，但它并不一定适用于我们所遇到的所有问题、所有场景。 我们也许过度依赖自己最喜欢、最擅长的那种思维模型，但是无论多么喜欢，这种思维模型未必就是我们解决所有问题的有效方式、万能工具。 只要适合，所有思维模型都有用武之地。 每种思维模型都各有所长，不存在优劣之分，在解决问题时不能只用一种思维模型。 只用一种固定思维模型，等同于我们闭上一只眼睛去认识世界、改造世界。 若是如此，就会曲解我们的认知，限制我们的发展。

要想看清事物的全貌，就要尽可能多地拥有跨学科的思维模型，这对于我们每个人来说都是很重要的。 著名投资人查理·芒格曾谈到自己之所以能一直拥有超强的投资能力，就是因为他有 100 多种跨学科的思维模型。 正是这些跨学科的思维模型帮助他从事物的表象中发现其本质，从而进行价值投资。 查理·芒格还认为："一个人掌握 80 到 90 个思维模型，就能够解决 90％的问题。而其中真正重要的可能只有几个。"

有效决策需要的是原则（规则）和思维模型。 我们终身学习、终身成长的目的就是更加科学地构建这些思维模型，持续地完善、迭代、优化这些思维模型，强化其有效性，不断充实我们自己的工具箱，这对提升、丰富我们的思维方式非常重要。 只有这样才能在遇到问题、分析问题和解决问题时总能找到最合适的工具。 也正是这样，我们才会有认知升级和迭代进化，让我们的思维方式更正确、更先进，与我们的时代现实更匹配，从而更好地理解、应对生活和工作中的各种发生的或从未遇到过的事件，科学、高效地进行决策和行动。

博弈是在系统思维基础上进行理性换位思考，"正向展望、逆向推理"，采取最优策略，以最小代价取得最大收益。

博弈论就是研究博弈参与者之间的决策与行为互为影响的关系，具有交互式决策的独特思维方法，即**"俯瞰式思考、着眼于未来决策、理解他人而行动"**。

诺贝尔经济学奖得主保罗·萨缪尔森说过："了解了博弈论，会改变你一生的思维方式。"

博弈过程中，我们不仅要站在自己的立场上，还要站在他人的立场上，以掌握问题的全貌。俯瞰式思考是交互式决策思维的最大特点——尽可能让自己"站得高",俯瞰整个博弈局势。但是,要想解决实际问题,使收益最大化,只靠俯瞰式思考还是远远不够的。

在现实中,我们所做的大部分决策往往并不是最佳的。我们中的许多人在决策时只着眼于短期利益,常想着先赢再说。然而,放到历史长河中,许多看似获利的决策却总是让人在事后觉得没获利或吃了更大的亏。因此,着眼于未来、以长期视角有序思考解决问题的方法是非常必要而且也非常重要的。

另外,还要考虑博弈对手的心情和感情。我们要具有同理心,在博弈中不仅要能站在博弈对手的立场上思考其行动的理由,而且还要试着理解博弈对手的心情和感情,否则就会很难或不能看透博弈的本质。理解他人,是我们解决现实问题的关键,也是我们在博弈中胜出的核心要义。

诺贝尔经济学奖获得者莱因哈德·泽尔腾教授认为:"博弈论不是疗法,也不是处方,它不能助我们在赌博中获胜,不能帮我们投机致富,亦不能帮我们在下棋或打牌中战胜对手。它不能告诉我们买东西时该付多少钱,这是计算机或者字典的任务。对于人类而言,博弈论最重要的贡献,就在于它能够促进人类思维的发展,促进人类的相互了解和合作。"

博弈论在潜移默化中影响、改变、启发我们的思维方式,从博弈的全局整体、对立统一以及理解他人的维度来看,系统思维、逆向思维、换位思维等是博弈论的最基本、最重要的思维方式。

在思维层面,博弈论的核心就是要树立一个意识:"博弈总是可以被我们改变的。"

诺贝尔经济学奖获得者理查德·塞勒认为:"许多博弈论学者并非很策略化,他们把博弈分析看成是给定的博弈,而不是改变它。"

对博弈参与者而言,若当前博弈难以给自己带来有利的结果,就可尝试改变博弈。博弈的基本要素包括博弈参与者、博弈策略、博弈收益、博弈信息等，改变博弈的这些基本要素，博弈就相应地得到了改变。

在现实中，我们难免会碰到"两难"的博弈问题，从而难以决策。这个时候，我们一定要坚信这个局面是可以改变的，并深度分析其博弈参与者、博弈策略、博弈收益、博弈信息等基本要素，看看能不能改变其博弈结构，升维突破"囚徒困境"，"双赢、兼顾、合理"地解决利益最大化问题。

我们学习、应用博弈论的终极目的就是要改变博弈结果，最大化我们的博弈收益！

系统思维：博弈的全局整体观

博弈就是两个或多个理性博弈参与者相互作用的策略选择问题。每个博弈参与者都是一个独立的系统，博弈中两个或多个博弈参与者又组成一个更大的系统，这些系统同时被不同的系统包围着、影响着，因此在分析博弈局势时，就可以从系统论的维度去思考，从研究整体性出发，利用系统思维这个好用的工具去找寻博弈的本质，做到整体大于部分之和，进而实现博弈收益最大化。

系统论是一批学者各自独立研究，共同创建和完善的一门新理论。1948年，著名生物学家贝塔朗菲出版了《生命问题》这本著作，标志着一般系统论的诞生。系统论最初是以生物系统为研究对象，但是它的理论同样适用于各种组织和整个社会。

系统论的核心观点：① 一个有生命的系统和非生命的系统是不同的。生命的系统是一个开放的系统，需要与外界进行物质、能量和信息的交换；非生命的系统为了自身的稳定性，需要和外界隔绝，才能保持独立性。② 一个封闭系统总是朝着熵恒增的方向变化，即该系统从有序变为无序。③ 一个有生命的系统，其功能并不等于每个局部功能的总和，而是整体大于部分之和；或者说，将每一个局部都研究清楚了，不等于将整个系统都研究清楚了。

现实生活中，我们决定是否做某件事情，不仅要在空间上整体考虑，还需在时间上考虑该事情的影响力，然后决定做不做，这就是系统论的运用。

系统论的创始人贝塔朗菲认为，系统是由相互联系、相互作用的若干要素组成的、具有新功能或目的的有机整体（类似"组合创新"）。也就是说，系统不仅仅是这些要素的简单集合，而是一个由这些相互关联的要素构成的能够实现某个特定功能或目的的有机整体。

任何一个系统都是一个整体，它由三部分组成：要素、关联以及功能或目的。 其中，功能用于讨论非人类系统，目的用于讨论我们人类系统。 不管是功能还是目的，都是指系统整体的功能或目的，关注的是整体，而不是单个要素或局部。

要素是系统的参与者。 它可能是某一个事物，也可能是一群事物所构成的子系统；要素是有形的，看得见、摸得到，是系统中最容易识别的部分。 每个系统中都有无数个要素，重要的是我们在观察分析要素时不要"只窥一斑，不见全豹"。 譬如，在学校这个系统中，校长、老师、学生、管理人员、建筑和教学设施等都是其组成要素，这些要素如何衔接、如何作用就是它们之间的关联。 深刻理解学校这个系统与这些具体要素之间的关系，意识到学校这个系统是有很多要素的，而其中某个要素跟学校这个系统相比并不是那么重要，就能让我们明白很多深刻而有益的道理。

关联是系统的要素之间存在的相互作用、相互依赖的有机联系，是系统中非常重要的部分，是系统与一群没有任何联系的事物组合的根本区别。 例如：一堆沙子就不是系统，因为沙子之间没有关联。

任何一个系统，其各个要素之间多多少少都有些关联，我们不能单独考虑一个要素而不顾及其他要素。 我们需要搞清楚哪些要素是紧密关联的，哪些要素的关联相对较小；为尽可能地简化，对于那些紧密关联的要素，我们就一同整体考虑；对于那些关联相对较小的要素，我们就单独分析处理。

很多系统之所以出现问题，不是因为哪个系统要素坏了，而是因为没有理顺系统的要素与要素之间的关联。 我们只有厘清各个要素之间的关联，才能从源头解决系统的问题。

关联并不是物质的流动，而是信息的流动。 有些关联难以察觉，只要我们的观察足够仔细就能够发现。 在学校这个系统中，其关联是学校的规章制度、日程安排、学习氛围及所有人之间的交流。 系统的关联总是通过信息的流动来发挥作用。 譬如课堂教学中，决定学生课堂上成功与否的关联是师生关系。如果老师希望在这一学期让学生好好学习，取得优异成绩，那么老师与每个学生建立融洽的关系、创造积极的课堂氛围，绝对是至关重要的环节。 若老师和学生们的关系融洽，那么学生们就会愿意为老师而付出自己最大的努力。 即便遇到了困难或者遭遇了挫折，学生们也依旧会坚持不懈，因为他们知道老师非常在乎他们，老师所做的一切都是为了让他们更好地成长、更加地优秀，并且老师会陪伴他们走好每一步。 此时，学生们就愿意开动脑筋接收老师所传授的任何信息。 倘若没有融洽积极的师生关系，那么老师课堂上的信息流动效率就会大打折扣，甚至停止。

我们要很好地解决一个问题，就必须进行系统分析，一是要搞明白这个问题涉及哪些要素，二是要弄清楚这些要素之间的关联。

系统的关联，总是通过信息的流动来发挥作用的。

关联是系统朝着整体目标演化的动力引擎。

"今天的决定会引发明天的问题。" 在一个动态的系统中，没有一劳永逸的解决方案。 一个系统的稳定和优化主要依靠"反馈、微调、迭代"这三个重要环节。 可以说，任何一个稳定的系统、一个越来越优化的系统都是需要"反馈"的。 没有反馈的系统就可能不断累加错误，最终偏离目标越来越远。 譬如"闻过则喜"的含义，就是负反馈意见可帮助我们从偏离的轨道回到正轨上来。

系统的各要素之间是以正反馈、负反馈和延迟等关联来形成该系统的。 正反馈就像滚雪球，是一个逐步升级（越滚越大）的结构模式。 譬如社交软件，用户数量越多，则对其他用户就越有价值；越有价值，则用户数量就会越多，如此持续相互增强，这就是一个正反馈。

虽然正反馈会逐步放大原有的发展趋势，但也不会无休止地放大，这是因为系统中还有负反馈在发挥作用。 负反馈是系统的一种自我调节机制，主要用来保持系统的功能或目的。

系统维持稳定、优化运行的关键是负反馈。 负反馈维持系统的稳定，总是让系统回到"正轨"上来。 譬如，在我们投资时，投资—赚钱—投资是一个正反馈，即我们拥有的钱越多就可以用更多的钱去投资，投资产生的利润就相应越多；利润越多，我们可用于投资的钱就会越多（不考虑亏本）。 反过来说，政府的税收则是一个负反馈，即我们赚的钱越多，要交的税就相应越多，这样我们就会放慢赚钱的速度，防止资本无限膨胀带来垄断。 另外，政府还可以用税收所得给钱少的人发一些福利，缩小贫富差距，这样就能使整个社会系统更好地持续发展。

正反馈会让系统或者增长，或者崩溃，偏离平衡；而负反馈则会让系统尽力保持稳定，回归平衡。 若正、负反馈被破坏，系统就会失衡、失效。 当一个系统出现问题、发生衰败时，我们首先应该分析研究是不是正、负反馈的哪个环节有问题。 另外，无论是正反馈还是负反馈，都不会立即产生结果，而是存在着延迟。 一旦我们将正、负反馈应用到系统中，就需时刻铭记"反馈会有延迟"，存在滞后效应，要懂得给正、负反馈加上时间轴。 一是我们的反馈要尽可能及时、快速；二是我们要确认变化趋势是稳定的，相信自己所采取的反馈需要时间才能产生效果；三是我们要避免泄气和放弃，因为不可能在事情发生的瞬间就能得到反馈结果，应着眼长远，坚持把事情做完，毕竟最好的结果总是属于那些善于等待、勇于坚持的人。

若能发现系统中起主导作用的正、负反馈是什么，我们就找到了问题的关键所在，抓住了系统的主要矛盾。

系统思维的关键是正、负反馈，特别是负反馈，它能维持系统的稳定运行。

功能或目的往往是系统中最不明显的组成部分，但却是决定系统行为最核心、最关键的因素；它是由系统内部各要素间的有机关联和它的结构所确定的，系统的整体功能或目的不是各要素功能或目的的简单叠加。 譬如，一架飞机的任何一个部件都不能单独飞行，而把上万的零部件有机地组合在一起，就能够飞行。

贝塔朗菲强调："任何系统都是一个有机的整体，不是各个要素的简单相加或机械组合，系统的整体功能是系统各要素在孤立状态下所没有的性质。 系统中各个要素并不是孤立地存在着，而是每个要素在系统中都处于一定的位置，起着特定的作用。 系统要素之间相互关联，构成了一个不可分割的有机整体。"譬如，一支足球队就是一个系统，其要素包括球员、教练、队医、足球和场地等；这些要素之间通过足球规则、教练对球员的训练指导、球员技能、球员之间的交流以及其他制度规定等产生关联；足球队的目的就是比赛赢球、赚钱、娱乐或锻炼身体等。

系统是一组相互关联的要素一起朝着一个共同的功能或目的运行。 系统的功能或目的不一定非要写下来或是大声说出来，通过系统的运行就可以得到表达。 学校的目的是充分发挥学生们的潜能，帮助他们卓尔不凡，为他们获得成功的未来做准备。

要想找出一个系统的功能或目的，观察它的运行就是最好的方法。 我们应该从系统的行为方式来判断它的功能或目的，而不是从我们自己的期望或是系统所宣称的功能或目的出发。

一个好的系统是系统的各个要素具有自组织能力，要素之间的关联能够达到某种平衡，整个系统充满活力、具有自我进化和抗打击的能力、聚力共同的功能或目的有序运行。

若要改变一个系统，则改变其组成要素之间的关联、功能或目的要比改变组成要素本身有效得多。 我们改变系统的规则和关联后，最终往往会创造一个全新的系统。

系统是一组相互关联的要素一起朝着一个共同的功能或目的运行；改变规则和关联最终往往会创造一个全新的系统。

著名管理学家彼得·圣吉在其著作《第五项修炼》中谈道：**"系统思维是一种思维方式，是一种用来描述和理解形成系统行为的力量和相互关系的语言。"** 系统思维是一种整体性思维，是对系统的分析和研究；它聚焦系统各要素之间的关联和相互关系来看待事件和模式，而不是孤立地看待各个单独的要素，是对系统的分析和研究；它从全局整体层面着重去揭示系统内部各组成要素之间，以及系统与外部环境之间的关联、结构与功能或目的。系统思维是以研究复杂性为主要任务的一种思维方式，它把关注的中心从部分转向整体，从系统组合转向系统结构。

我们在生活和工作中所遇到的大多数问题，基本上都是复杂的系统问题，要想有效地解决这些问题，我们需要系统思维。哪怕我们在生活、工作中采用很少一点系统思维，也可以帮助我们在无数问题的解决上得到改善。可以说，掌握一点系统思维，对我们自己和对他人都是有益的。

著名作家、"呆伯特"系列漫画的作者斯科特·亚当斯把自己的写作事业当作一个系统。亚当斯最在乎的是怎么让自己的写作系统发展起来，至于自己的哪一个作品能给自己带来多少收入他并不在乎。于是，他不停地写、不停地画，测试各种不同的写作、绘画技巧。他所追求的写作系统要素不是稿费，而是写作技艺和声誉。

我们也可以把自己的成长当作一个系统来经营。立足当下，未来的任何事都只是概率事件，我们长期坚持、不懈努力、依据信息不断反馈调整，其实就是寻找一个大概率的、更好更优的成长方向。只要坚持做正确的事情——也就是大概率能让我们"赢"的事情，不计一城一池之得失，不被短期的波动影响情绪，把正确的事情做正确，那么经过长期的持续迭代进化，我们就是一个永远成长的人。类似的情形如《七个心理寓言》中的经典故事《做一棵永远成长的苹果树》：

一棵苹果树终于结果了。第一年，它结了 10 个苹果，9 个被拿走，自己得到 1 个。对此，苹果树愤愤不平，于是它自断经脉，拒绝成长。第二年，它结了 5 个苹果，4 个被拿走，自己得到 1 个。"哈哈，去年我得到了 10%，今年得到了 20%！翻了一番。"这棵苹果树心理平衡了。但是，它还可以这样：继续成长。譬如，第二年，它结了 100 个果子，被拿走 90 个，自己得到 10 个；还很有可能被拿走 99 个，自己得到 1 个。但没关系，它还可以继续成长，第三年结 1000 个果子……最重要的是，苹果树在成长！等苹果树长成大树的时候，那些曾阻碍它成长的力量都会微弱到可以忽略。真的，不要太在乎果子，成长才是最重要的。

系统思维的哲学思想是进化论，研究方法是系统论。

系统思维是完备性的思维方式，把各种可能发生的情况都考虑到，允许事情在一定的范围和框架内发生变化，但是不管怎么变都在掌控中。系统思维使我们不再一味地想快速解决问题，而是去考虑我们的策略行为可能会造成什么样的长期后果，帮助我们在面对问题时理解层次更深、眼光更加长远。

系统思维是把想要得到的结果，实现该结果的过程、迭代优化，以及对未来的影响等一系列问题，作为一个系统来进行整体研究。**系统思维考虑的是很多个不同的要素以及这些要素之间的关联。** 譬如，对典型的亚里士多德麦穗问题，我们就可以利用系统思维这个工具来努力实现选择结果最优。

亚里士多德指着路旁的一块麦田对年轻人说："你看见了这片麦田了吗？"年轻人说："看见了。""你从麦田的这一头走到对面，一直走过去不能回头，更不能往回走，在这个过程中把你认为最大的麦穗摘下来给我。记住，只准摘一次。"年轻人心想这个问题太简单，于是他就走进了麦田，很仔细地寻找他认为最大的麦穗。在路途中，他不断见到很大的麦穗，但他一次次放过，因为他想后面一定还有更大的。在不断的惊喜和惋惜中，他走到了麦田的尽头，然而他一株麦穗也没有摘到，只能两手空空地回到了亚里士多德那儿。

在这个摘麦穗的场景中，时间成为最大的不确定性因素，因为只有一次挑选的机会，挑选的过程就比挑选的结果更重要。此时，选择最优结果就变成了最大化选到最优结果的概率。 要挑选到最大的麦穗，我们可以利用系统思维，把挑选麦穗的整个过程看成一个系统，对麦田进行等间隔划分，然后按照**"摸清情况再行动准则"**进行整体分析。 在摘之前，事先设定一个"观察期"（也就是，年轻人进入麦田后，走完 37％的路程所花的时间），在这段时间里无论麦穗多大都不摘，也就是说，此阶段的任务就是**考察目标、收集数据，确定最大麦穗的标准。**"观察期"结束后，就进入"行动期"，此时，一旦出现比之前最大的麦穗还大的麦穗，就毫不犹豫地出手采摘它。 这就是著名的 37％法则：若结果算无可算，我们就遵循我们的标准，标准可以给我们确定性。

　　"37％法则"源于经典的秘书问题（许多人申请一个秘书岗位）：在考察前37％的申请人时，不接受任何人的申请；然后，只要后续任何一名申请人比前面所有人选都优秀，就毫不犹豫地接受该申请人。

　　系统思维的核心是以观察数据和事件开始，寻找随着时间变化而产生的行为模式，解密行为背后的真正驱动力，研究并改变那些不再有利的结构，从而选择最好的而且长期有效的解决方案，而不是简单修复或选择最受欢迎的方式。

　　系统思维帮助我们**深入挖掘系统各要素之间的关联，以及它们对整个系统的影响，**而不只是把这些要素看作互不相干的独立个体，这为我们展现了一幅完整的系统景象。

　　系统思维促进我们以整体的、动态的而不是局部的、静止的观点看问题，帮助我们克服 "只看眼前，不看长远""只看现象，不看本质""本位主义，局限思考""只见树木，不见森林""头痛医头、脚痛医脚"等典型症状，更好地看见全貌、看清真相、看透本质。

　　系统思维拓展了我们的视野，提升了我们的认知，打开了我们多维度观察问题的大门，让我们以不同的方式方法去找寻尽可能多的问题解决办法。

　　没有完美的决策，我们所做出的每一个决策都是基于有限的信息的，每一个决策都会影响到系统中相互关联的要素。 也就是说，我们所有的决策对系统都会有影响。 我们要善于俯瞰式观察问题、分析问题，全力以赴、持续有效地解决问题，追求系统的效益最大化。

　　系统思维对于我们反省自我，审视我们的生活、事业、人际关系以及周围的世界，都是一种全新的思维方式。 **系统思维中最关键的就是要保持开放的心态。**只要我们对一切可能事件持"极度开放"的态度，最好的解决方案就一定会悄然而至。

逆向思维：博弈的对立统一观

著名数学家卡尔·雅各比反复强调："逆向，始终要逆向思维。"雅各比认为，通过先找到什么事情是不可能完成的这一方法，更容易找到解决方案。

我们人类的思维因其方向性，存在着正向思维与逆向思维之分。 正向思维是指沿着我们的习惯性思维路线去思考（有序的思考）；而逆向思维则打破了固有的思维模式，摆脱常规思维的羁绊，对众所公认的、习以为常的、似乎已成定论的事物或观点反过来进行思考，是一种具有创造性的思维方式。

在人类的发展历程中，我们创造构建了各种各样的常规和惯例，并遵循这些常规和惯例而生活、工作。 我们解决现实问题时，往往会利用正向思维，习惯于按照这些常规的、惯例的思维路径去思考，这时常能帮助我们找到解决问题的方法，获得令人满意的效果。 然而，也有些问题利用正向思维却难以找到解决方案，这些常规和惯例反而会成为阻碍我们的因素，而一旦采用逆向思维，往往会取得意想不到的、令人满意的效果，使问题得到创造性地解决。

著名投资家查理·芒格说："对于复杂的适应系统以及人类的大脑而言，如果采用逆向思维，问题往往会变得更容易解决。"

芒格喜欢用逆向思维来分析、研究问题，对人性的弱点有着深刻的理解。若要弄清楚如何才能得到幸福，芒格往往会首先研究如何才能变得痛苦；若要研究组织如何才能做大做强，芒格往往会首先研究组织是如何衰败的；我们大部分人关心的是如何从股市投资中赚钱，而芒格最关心的是为什么在股市投资上绝大多数人都赔钱。 芒格总是从逆向开始，反过来思考。

芒格善于把这种逆向思维方式运用到日常生活和工作之中，譬如，鼓励年轻人不要一味地专注于怎样取得成功，而是要深度思考有什么会妨碍我们取得成功。 通过问"我们为什么会失败？"而不是"为什么会成功？"芒格分析指出"懒散和不可靠"的特质会妨碍年轻人取得成功。通过逆向思考"怎样取得成功"的问题，就会发现导致失败的因素，从而避免做出这样的行为，以取得进步。也就是说，只要我们努力避免懒散和不可靠，就能够取得成功。

芒格持续不断地收集、分析、研究各行各业的精英人物、卓越组织，以及政府管理、学术研究等各个领域的典型失败案例，并把这些失败的原因梳理总结成正确决策的检查清单。

芒格坚持不懈地逆向思维，长期下来便形成了巨大的优势。这使得芒格在人生、事业的决策上，几乎没有犯过重大错误。这个优势对他的合伙人和所属公司的发展的重要性，怎么强调都不过分。

逆向思维是摆脱常规思维的羁绊，对众所公认的、习以为常的、似乎已成定论的事物或观点，反过来思考的一种具有创造性的思维方式。

逆向思维是一种深刻的反向思考方法，是反向探索问题、解决问题的思维方式。它利用事物具有正向和反向的特性，从反向着手进行推理，寻找正向的解决路径，并沿着这个路径继续反向思考，运用逻辑推理去寻找解决问题的新方法和新方案。特别是，在问题的解决上遇到瓶颈时，我们要学会利用事物的缺陷、不足，朝反方向出发，将缺陷、不足变成可用的方法，变被动为主动，变不利为有利。

懂得并善用逆向思维，就等于有了解决所有问题的能力。

众所周知，电磁感应定律的发现，就是运用逆向思维的一个重大成果。"电流的磁效应"这一伟大发现传到欧洲后，很快就吸引了许多科学家参加电磁学的研究。著名物理学家法拉第怀着浓厚的探究兴趣重复了这一著名实验："只要导线通上电流，导线附近的磁针就会立马发生偏转。"

知道了"电能产生磁场"，法拉第认为"电"和"磁"之间，存在必然的关联，可以相互转化，他坚信"磁场应该也能产生电"。1821年，法拉第开始做"磁产生电"的实验，他始终坚持逆向思维这一思维方式。经历了无数次实验失败后，1831年法拉第终于成功设计了一种新的实验："把一块条形磁铁插入一只缠着导线的空心圆筒里，导线两端连接的电流计上的指针就会发生微弱的转动，电流产生了！"

1831 年，法拉第提出了著名的电磁感应定律，并依此发明了世界上第一台发电装置。如今，法拉第定律正发挥巨大作用，深刻地影响并改变着我们的生活和工作。

无论采用何种方式，只要从一个方面想到与之对立的另一个方面，则都是逆向思维。 譬如，当"是什么"阐述不清楚时，可逆向思维，阐述"什么不是？"另外，"硬与软、高与低"等性质上的对立，"上与下、左与右"等位置上的互换，"气态变液态或液态变气态、电转为磁或磁转为电"等过程上的逆转，这些都可启发我们逆向思维。

逆向思维就是从已知事物的因果关系（原理）、功能、结构、程序或方向、观念、状态（过程）的相反方向进行有序思考，使问题得以顺利解决的思维方式。

1877 年，著名的发明家爱迪生在迭代完善电话时，偶然发现电话传话器里的膜板会随着说话的声音颤动。这时，爱迪生就开始琢磨，不同的声音能引起相应的颤动，反过来，同样的颤动应该也可以转换为原来的声音。结果，根据这一"逆向"创造性想法，爱迪生发明了留声机。

从反面或对立面来思考问题的逆向思维方式，"反其道而思之"，更能表现我们的思维能力水平，也更能体现我们为人处世的智慧，这往往能够创造性地解决难题。

《围魏救赵》的故事就是逆向思维的运用。表面上看来是舍近求远，实质上是绕开问题的表面现象，从帮赵国都城解围的本源上去解决问题——不要让自己的决策行动受限于那些摆在自己眼前的信息，要以"反过来想"的思维方式来考虑问题，创造新的决策行动，赢得战争胜利，解除赵国都城之围。

无论采用何种方式，只要从一个方面想到与之对立的另一个方面，则都是逆向思维。

　　亚马逊的总裁杰夫·贝索斯说："我经常被问到一个问题：'未来十年，会有什么样的变化？'但我很少被问到：'未来十年，什么是不变的？'我认为第二个问题比第一个问题更重要，因为你需要将你的战略建立在不变的事物上。把所有资源倾注在不变的事物上，这是多么令人激动的原则！"

　　贝索斯所谓的那个不变的事物是什么呢？ 针对瞬息万变的零售业，根据逆向思维，贝索斯找到了三件始终不变而又非常普通的事情：**"第一，无限选择；第二，最低价格；第三，快速配送。"**

　　贝索斯说，即使再过 10 年、20 年也不会有客户跳出来说："哎，贝索斯，我爱你，我爱亚马逊，我希望你那价格再贵一点，我希望你的配送再慢一点。"在贝索斯找到了这三件不变的事情后，他就将亚马逊的绝大部分资源都投入在了这三件事上，使亚马逊持续发展壮大，他也成为全球最具影响力的人物之一。

逆向思维，就是把事情反过来想，总是反过来想。

　　在现实中，当我们思考问题的时候，总是需要把别人如何思考该问题考虑在内，这就是博弈的思维角度。

　　我们参与的博弈常常是动态的、依序行动的，后行动的博弈参与者能观察到先行动的博弈参与者的行动结果，并依此做出合理的决策。 先行动的博弈参与者，虽然无法观测到后行动的博弈参与者的行动及结果，但他在选择自己的行动时，却不能不把自己的行动对后行动博弈参与者的决策所产生的影响考虑在内，即**"假如我这么做，接下来他会那么做，然后，我又该怎么做……"**于是，在分析动态博弈时，首要关注的是后续阶段的博弈；"站在未来的立场来选择自己的行动"，是动态博弈的重要分析思路，这种链式推理思维方法就是逆向思维。

"站在未来的立场来选择自己的行动"，是动态博弈的重要分析思路。

现有五个海盗抢得 100 颗钻石,每一颗都大小相同并且价值连城。 他们不平均分配这 100 颗钻石,而是经过商讨,采用一个充满智慧而又血腥的分宝方案,具体方法如下:

（1） 抽签决定每一个海盗的行动顺序（第 1,2,3,4,5）；

（2） 首先,由 1 号海盗提出分配方案,然后五人投票表决,若赞成票过半则分配方案通过,可以按照 1 号海盗提出的钻石分配方案进行分配,否则 1 号海盗就被扔进大海里喂鱼；

（3） 如果 1 号海盗被扔进大海后,接下来由 2 号海盗提出分配方案,然后 4 人进行投票表决,若赞成票超过半数则分配方案通过,可以按照 2 号海盗提出的钻石分配方案进行分配,否则 2 号海盗将被扔进大海里喂鱼；

（4） 依次类推,直到分配方案被接受,若最后只剩下 5 号海盗,则 5 号海盗独吞这 100 颗钻石。

显然,这是一个包括 5 个阶段的完全信息动态博弈。 假定这 5 个海盗都是理性的,他们对于通过的钻石分配方案一定严格执行,有很强的分析能力和逻辑思维能力,不会犯低级的计算错误,并且只关注自己收益的最大化,在分配规则内能处死其他的海盗最好。

在这种分配规则下,1 号海盗将提出什么样的钻石分配方案呢?

1 号海盗提出的钻石分配方案需要满足两个条件:

第一,保证超过半数的海盗同意分配方案。

第二,1 号海盗最大化自己能分到的钻石。

若直接从 1 号海盗的策略行动入手,此分配问题相对复杂。 我们不妨从 5 号海盗入手,然后按照从后往前的顺序,依次逆向分析每个海盗的策略行动。

采用逆向思维进行分析的逻辑基础是:先行动的海盗在前阶段的策略行动时,必然会考虑随后行动的海盗在后续阶段将如何进行策略行动。 以此类推,只有在博弈的最后阶段进行决策的海盗,由于不再有后续阶段的牵制,才能直接做出明确的策略行动。 当最后阶段的海盗的策略行动确定以后,由后向前推理，每一阶段海盗的策略行动就容易确定了。

首先，考虑只剩下最后的 5 号海盗的策略行动，显然他会独吞这 100 颗钻石。考虑只剩下 4 号与 5 号海盗的策略行动，4 号海盗提任何分配方案，5 号海盗都会反对，则 4 号海盗被扔进大海里喂鱼。

再考虑只剩下 3 号、4 号、5 号海盗的策略行动。3 号海盗可以分给自己 100 颗钻石，4 号、5 号海盗各 0 颗，并自己同意，这时 4 号海盗为保命也会同意（若 4 号海盗不同意，则进入下一轮分配，4 号海盗会被扔进大海里喂鱼），5 号海盗反对但无效，则该分配方案通过。

再考虑剩下 2 号、3 号、4 号、5 号海盗的策略行动。2 号海盗分配给自己 98 颗钻石，自己同意；再分给 4 号、5 号海盗各 1 颗钻石，4 号、5 号海盗也会同意；分给 3 号海盗 0 颗钻石，3 号海盗反对无效，则该分配方案通过。

表 1 所列为通过逆向思维推导出的钻石分配方案。

那么，在倒数第五轮，1 号海盗将提出怎样的钻石分配方案呢？此分配方案在保证能得到超过半数海盗同意的前提下，应最大化 1 号海盗的利益。1 号海盗的钻石分配方案可以有两种：

方案一是 1 号海盗分给 3 号海盗 1 颗钻石、分给 4 号海盗 2 颗钻石，分给自己 97 颗钻石，自己同意，3 号、4 号海盗也会同意；分给 2 号、5 号海盗各 0 颗钻石。

表 1　通过逆向思维推导出的钻石分配方案

轮　次	分配方案提出者	分配方案
最后一轮	5 号海盗	自己独吞全部 100 颗钻石
倒数第二轮	4 号海盗	任何分配方案都得不到通过
倒数第三轮	3 号海盗	分配给自己 100 颗钻石，4 号海盗 0 颗钻石，5 号海盗 0 颗钻石
倒数第四轮	2 号海盗	分配给自己 98 颗钻石，3 号海盗 0 颗钻石，4 号海盗 1 颗钻石，5 号海盗 1 颗钻石

方案二是1号海盗分给3号海盗1颗钻石、分给5号海盗2颗钻石，分给自己97颗钻石，自己同意，3号、5号海盗也会同意；分给2号、4号海盗各0颗钻石。 如表2所列。

若1号海盗提出钻石分配方案一，那么2号海盗和5号海盗将反对，而1号、3号和4号海盗同意，因此1号海盗的钻石分配方案将获得通过。

表2　钻石分配方案

分配人员	1号海盗	2号海盗	3号海盗	4号海盗	5号海盗
钻石数量（方案一）	97	0	1	2	0
钻石数量（方案二）	97	0	1	0	2

若1号海盗提出钻石分配方案二，那么2号海盗和4号海盗将反对，而1号、3号和5号海盗同意，因此1号海盗的钻石分配方案将获得通过。

"海盗分宝"博弈，是一个高度简化和抽象的模型，依靠**逻辑与理性**进行互动决策。 这是因为每个海盗要实现的目标，不仅取决于自己的策略行动，而且还取决于其他海盗的策略行动。

任何"分配者"想让自己的分配方案获得通过的关键都是：**事先考虑清楚"挑战者"的分配方案是什么，拉拢"挑战者"分配方案中最不得意的人们，并用最小的代价获取最大收益。 即弄清楚"谁是我们的敌人？ 谁是我们的朋友？"**若没有这样一个明确的目标，那么一切策略和行动都是无效的。

"谁是我们的敌人？ 谁是我们的朋友？"这个问题是做事时要弄清楚的首要问题。

逆向思维就是反过来想问题、反过来想事情，用他人没有的思维方式去深度思考问题。 善用逆向思维去分析问题、处理问题，本质上就是以"用奇"去

达到"制胜"。

著名哲学家老子说："天下皆知美之为美，斯恶已。 皆知善之为善，斯不善已。 故有无相生，难易相成，长短相形，高下相倾，音声相和，前后相随。"

也许我们每天都面对着相类似的问题，重复做着相同的事，"君子终日乾乾，夕惕若，厉无咎"，我们是否每天都自强不息、早晚都反省？ 我们是否每天都有收获、都有进步？ 无论我们的人生目标是什么，运用逆向思维，最简单的方法就是采取两个非常适用的步骤：**界定失败或不幸福的原因；极力避免这些东西。**

我们要避免不想要的东西，比得到我们想要的东西容易得多。 我们的逆向思维能力，在一定程度上决定了我们人生中工作的结果，决定了我们成功的概率。

逆向思维就是我们在面对困境的挑战时，总是"反过来想、反过来想……"，懂得变通，敢于突破，科学合理地构建对立统一关系，出奇制胜，创新性地解决困境问题。

逆向思维的能力越强，我们在人生中取得成功的概率就越大。

换位思维：博弈的理解他人观

　　思维影响着我们每个人的人生轨迹。思维不同，我们看问题的角度、方式方法就会不同，所采取的行动方案也相应不同，面对机会、应对危机的决策也就会不同。

　　思维的结果常常取决于我们自己看待事物的视角，若站在他人的视角上看待事物，就是换位思维。**换位思维是我们人类经过长期博弈，付出惨重代价后总结出的重要法则。**

　　换位思维是将以自我为中心的决策模式，转变为以他人为中心的多主体多视角的思维方式；是人类互助的前提，是人类的基本道德教谕，是站在他人立场思考问题的一种方式。古往今来，从"大成至圣先师"孔子的"己所不欲，勿施于人"到《马太福音》的"你们愿意别人怎样待你，你们也要怎样待人"，虽属不同的时代、不同的地域、不同的种族、不同的宗教、不同的文化，但都蕴含着具有相同意思的信息。

　　换位思维就是拥抱同理心，设身处地地为他人着想，想他人之所想，理解至上的一种处理复杂问题的思维方式。简单地说，就是考虑、感受他人的内心所想，与他人感同身受，并以此为逻辑起点展开自己的推理和行动。

　　我们每个人都是社会人，不是自然人，而社会是一个利益共同体。我们人类社会得以存在和发展，得益于换位思维。换位思维是人与人之间交往、构建利益共同体的基础。我们应多站在他人的角度去思考，互相包容、理解。

　　换位思维，首先要做到对人对己同一标准；再则就是宽人严己。这客观上要求我们将自己的内心世界与他人联系起来，站在他人的立场上体验和思考问题，与他人在情感上得到沟通，为增进理解、后续合作奠定基础。

换位思维是人类经过长期博弈，付出惨重代价后总结出的重要法则。

换位思维就是拥抱同理心，站在他人立场，设身处地地为他人着想，想他人之所想，理解至上的一种处理复杂问题的思维方式。

换位思维是我们在相处和沟通时，拥抱同理心，设身处地地体会他人的感受，并恰当地回应其需求，进而做到相互了解、关怀和促进情感上的融洽与和谐；也可理解为，在同样的时间、地点、事件面前，把他人想象成自己，把自己摆进去感受、体谅他人。将心比心，多一点"他人意识"，多从他人的角度看问题，分析处理问题，避免无视他人的感受、忽视他人的情绪，杜绝以自我为中心的思维习惯。

我们每个人的成长背景、工作阅历和人生理念不同，未深入了解他人的难处、困境、约束，就随意给他人定性是不科学的，要时刻警示自己"我们每个人都是盲人，只是盲的程度不同罢了"。

解决矛盾争端时，善于运用换位思维，将心比心，就会积极地为他人着想，那么，那些表面上看起来非常棘手的"两难"问题也会迎刃而解。

20 世纪 70 年代，埃及和以色列就西奈半岛问题争执不下，双边谈判一度陷入僵局。埃及坚持要全部收回西奈半岛的主权，以色列坚持要占领西奈半岛的一部分，双方互不相让，以致负责调停的美国人虽多次协调双方重新划定疆界，却屡屡遭到双方的诘难。

不把谈判中的任何一方当作敌对方来看待，调停者经过认真谨慎、细致耐心的研究，发掘各方行为的深层次原因，终于找到了埃及和以色列互不相让、争执不下的症结所在："以色列最关心的是国家的安全问题，担心埃及的军事力量离自己太近，因而不敢放弃西奈半岛；而埃及最关心的则是领土完整问题。"找到破局点之后，问题也就有了相应的解决契机。最终，双方换位思维，达成共识："以色列把西奈半岛归还埃及，以满足埃及'领土完整'的要求；而埃及要保证西奈半岛大部分地区的非军事化，以满足以色列'国土安全'的要求。"

在所有谈判中，我们善于站在他人立场思考的能力越强，越了解他人的动机、利益和约束条件，就越能够找到解决问题、打破僵局的办法。若仅是考虑我们自己，那么谈判就难以成功，甚至问题还会升级。

换位思维是博弈论的重要思维，博弈参与者在决策时都必须考虑到他人的反应，即"他会怎么办，但他会怎么办又取决于他认为我会怎么办，所以，我的决策取决于我认为他认为我会怎么办……"。

博弈论是研究博弈参与者之间的决策与行为互为影响的理论与方法。博弈参与者在决策时想让自己的决策最优，首先要考虑在给定自己的决策的情况下，博弈对手如何决策最优，即"他会怎么办，但他会怎么办又取决于他认为我会怎么办，所以，我的决策取决于我认为他认为我会怎么办……"持续的换位思维。然后，从合作共赢的角度出发，集体理性、互惠互利地决策，最终保证多方利益的均衡，走向良性的发展轨迹，达成帕累托最优。

"智猪博弈"是经典的纳什均衡案例。现假设猪圈里有一头小猪、一头大猪。猪圈的一头有猪食槽，另一头安装着控制猪食的按钮（按钮和猪食槽在相反的位置），按一次按钮会有 10 个单位的猪食从投食口进槽，但是谁按下按钮，谁就会首先支付 2 个单位的成本，并且失去了先到槽边进食的机会。若小猪、大猪都去按按钮，并且同时到槽边进食，由于大猪进食速度快，最终大猪吃到 7 个单位的食物，小猪吃到 3 个单位的食物。若小猪去按按钮，则大猪先到槽边进食，大猪吃到 9 个单位的食物，等小猪赶过来的时候只能吃到 1 个单位的食物，减去按按钮消耗的 2 个单位的食物，小猪等于亏了 1 个单位的食物。若大猪去按按钮，则小猪先到槽边进食，小猪可吃到 4 个单位的食物，大猪也能吃到 6 个单位的食物，减去按按钮消耗的 2 个单位的食物，大小猪的收益比是 4：4。在这种情形下，大猪和小猪都会思考是否去按按钮。"智猪博弈"的收益矩阵如图 1 所示。

		小　猪	
		按开关	**等　待**
大　猪	**按开关**	（5，1）	（4，4）
	等　待	（9，−1）	（0，0）

图 1 "智猪博弈"的收益矩阵

在这个案例中，对于小猪而言，无论如何都不会去按按钮，因为不去按按钮的最大收益为 4 个单位的食物，而按按钮的最小收益为 −1 个单位的食物，4 个单位的食物肯定好过 −1 个单位的食物，这就是小猪的占优策略。而对于大猪来说，大猪按不按按钮只影响小猪的收益，不影响小猪的策略选择，大猪去按按钮总比不按强，所以它只好亲自去按按钮。也就是说，大猪的占优策略依赖于小猪的选择，但小猪的占优策略与大猪无关，等待是小猪的占优策略。那么，在大猪、小猪都保持理性的前提下，大猪和小猪都换位思维：**"自己寻找和使用上策，对手不会使用下策"**，最终"智猪博弈"的均衡结果就是"小猪等待，大猪按按钮"。于是，小猪将舒舒服服地等在食槽边准备进食，而大猪则为能吃上食物，在按钮和食槽之间奔忙。

"智猪博弈"给我们的启示——双方力量不对等时的正确决策：

> **力量强者，换位思维，要主动出击；**

> **力量弱者，学会等待，搭强者的便车。**

"智猪博弈"是一种典型的"搭便车博弈"，大猪虽然感到吃亏，但不按按钮会更吃亏，因此就容忍小猪适度地"搭便车"，也就是说，一方付出了相应的代价，双方共享了所得到的博弈收益。"智猪博弈"的均衡解在现实中有许多应用，可以对许多社会现象进行解释。

在股票市场上，庄家就是"大猪"，散户就是"小猪"，散户跟着庄家赚便宜，庄家也知道散户在赚自己的便宜、在搭便车，但庄家不会因为散户搭了自己的便车就不做了。

小企业经营中，精明的企业家也往往会选择搭便车的办法，不进行大规模技术创新投资，而是等待大企业研发新产品、拓展新市场，自己省去研发成本、避免研发失败的风险。对小企业来说，搭便车是一种明显的占优策略。

社会改革也存在类似的情况。一个组织，乃至一个国家，对于同样的改革，给一部分人带来的好处可能比另一部分人大得多。那么，前一部分人就是"大猪"，而后一部分人就是"小猪"，改革进程往往就是由这些"大猪"所推进的。

我们再回过头来深入思考是什么导致了"小猪躺着大猪跑"的现象。进行分析可得出，是由于博弈规则的两个核心指标所导致的，即**"每次投放的食物数量，以及按钮与投食口之间的距离"**。那么，如何改变这两个核心指标，设计更好的激励方案，取得更好的激励成效呢？

（1）减少投食量。每按一次按钮，投食量减为原来的一半，即 5 个单位。这导致小猪、大猪都不去按按钮了。

（2）增加投食量。每按一次按钮，投食量比原来增加一倍，即 20 个单位。这导致小猪、大猪谁想吃谁就会去按按钮，反正谁都不会一次性把食物吃完。这个方案的成本较高，而且会因为竞争不激烈，而达不到预期的效果。

（3）减少投食量＋移动按钮位置。每按一次按钮，投食量仅为原来的一半，同时将按钮移到猪食槽附近，这导致大猪和小猪都会拼命地抢着去按按钮。这是因为，谁等待谁就得不到食物，多劳者才能多得！

三个不同的调整方案会导致三种不同的结果，而产生的结果并不完全与投入成正比。"增加投食量"方案能够保证大猪、小猪都会去按按钮，但缺乏一定的积极性，而且成本较高；"减少投食量＋移动按钮位置"方案在移动按钮的基础上，采取低成本方案，反而取得了较好的效果，大猪、小猪都会抢着去按按钮。

　　改变"智猪博弈"规则的两个核心指标：每次投放的食物数量，以及按钮与投食口之间的距离。 运用换位思维，可设计更好的激励方案，取得更好的激励成效。

　　团队合作中，"大猪"行为可以解释"能者多劳"和"吃亏是福"的价值观，也可以用来解释领导与员工的关系。

　　研究发现，**一个组织中有50％的贡献是由人数为"组织员工总数的平方根"的员工所做出的。** 若一个组织中有12名员工，12的平方根约为3.46，这就意味着3～4名员工为这个组织做出了50％的贡献。 但是，随着组织规模的扩大，结果就变得很有趣了。 当员工人数达到1600人时，1600的平方根为40，即40名员工做出了一半的贡献，也就是说，其余的1560名员工加起来的贡献和这40人相当。 这个现象为领导决策提供了更深层、更有价值的参考——在日常管理中，领导应该把任务重点交给哪些人，在危机来临时，领导又应该依靠哪些人、保护哪些人。

　　领导就是"大猪"，要有宽容精神，换位思维，区分员工类型，多从不同类型员工的角度分析问题、处理问题，不计较，不把账算得太细、太清，一门心思把"蛋糕"做大。 员工之所以愿意跟随一位领导，本质上是因为跟着这位领导有收益、有发展。

　　一个组织中有50％的贡献是由人数为"组织员工总数的平方根"的员工所做出的。

　　博弈双赢或多赢的关键是换位思维，博弈参与者应足够了解博弈各方并尽可能消除博弈的不确定性，找到博弈各方策略行为背后的理由。 具体而言可分为三个步骤：

　　（1）不带任何敌对情绪，把博弈各方看作合作方，而不是敌对方；

　　（2）分析研究博弈各方的收益、可用策略、约束条件，以及看待博弈的不同角度；

（3）采用博弈收益最大化的原则，找出让博弈各方都满意的策略，实现帕累托最优。

儒家经典《论语》的核心思想是"忠恕"。

"忠"，是我们根据自己内心定下的最好的做人原则，尽心尽力为之；"恕"，是我们换位思维，以宽尺度来衡量自己与他人的相处，将心比心地理解他人。

"忠恕"合起来就是仁爱的"仁"，是我们与他人的相处之道。

在现实中，我们人际交往中的不和谐往往都是因为没有设身处地地为对方着想。由于没有站在对方的立场上想问题，因而很难理解对方的感受及想法，也就无法做出正确的理解和回应。上司和下属之间的矛盾、父母和子女之间的代沟、夫妻之间的分歧、朋友之间的误会等，只要我们能够换位思维，很多问题都是可以解决的。然而，遗憾的是，大多数人都不愿意去想一想"如果我是他，我会怎么想（办）……"

事实上，我们若能养成换位思维的习惯，以博弈收益最大化的原则寻求解决问题之道，用积极的心态去重构人与人之间的关系，就可以发现更多的合作机会，变不可能为可能，从而收获更多的快乐和幸福。在现实中，具备换位思维的我们，会拥有更积极、更乐观的心态，具有更加和谐的人际关系，能够在一个相对宽松、相对和谐的氛围中更幸福地生活、更高效地工作。

互动决策与信息利用

"生命可以分解为一长串连续的二元决策。"

——哲学家、数学家莱布尼茨

信息是我们人类社会有序运行所依赖的血液、食物和生命力。 我们每个人既是信息的发送者也是信息的接收者，同时也是信息的管理者，需要与外界进行信息的交换，这样才能更好地生存与发展。

掌握信息较多者可从向掌握信息较少者传递信息而获益；掌握信息较多者往往处于较有利的地位；掌握信息较多者最终将赢得竞争、对抗的胜利。

信息优势导致决策优势，互动决策时信息就是决策力。 互动决策的输赢很大程度上依赖于信息的准确度与多寡。

信息的发送者可以通过向博弈对手发送要分享的信息或发送要模糊的信息，来达成自己的目标。

信息的接收者可以通过接收博弈对手所分享的信息或接收所模糊的信息，敏锐地判断出这些信息背后隐藏的更多、更深层次的信息，利用好这些对自己有益的"信息背后的信息"，从而赢得互动决策的胜利。

互动决策并不是要改变信息不对称，而是通过信息的分享和模糊来利用好信息不对称，增强互动决策的有效性和准确性。

博弈的制约因素与驱动因素：理性和信息

诺贝尔经济学奖得主罗伯特·约翰·奥曼指出，"博弈论可以看作社会科学中涉及理性方面的一种综合全面的理论……"。 社会学家乔恩·艾尔斯特提到，"如果承认互动行为是社会生活的根本，那么博弈论为研究社会结构和社会变革提供了坚实的微观分析基础……"。

博弈论是因研究理性和互动行为而产生的，其进展又加深了我们对理性和互动行为的理解。

博弈论是研究我们在不同的信息条件下，如何进行互动决策，从而达到策略均衡的科学理论和方法。 通俗地说，**博弈论就是研究博弈（交互式决策）的科学理论和方法。**

博弈的一个核心是"理性"，博弈参与者必须是理性的，其认知和行动都是理性的；博弈参与者还要善于运用自己的推理能力理性分析自己所处的博弈局势，正确决策，以实现自己博弈收益的最大化。

博弈的另一个核心是信息，信息是博弈的基础、前提，是确保博弈收益的关键，不同维度的信息、信息完全与否及信息量的多少影响决策的结果；若没有充分的信息，就会导致误判，甚至落入博弈对手的陷阱，做出错误决策。

在博弈过程中，我们要善于从空间维度、时间维度和他人维度进行"三维立体式"的理性思考、决策和行动，即**"俯瞰式思考、立足于未来决策、理解他人而行动"**，选择一个能够让博弈对手的最大优势最小化的策略，实现我们自己的博弈收益最大化。

博弈论是研究我们在不同的信息条件下，如何进行互动决策，从而达到策略均衡的科学理论和方法。

我们的人生就是我们所有决策的总和。

决策就是一切。 决策是我们塑造自己的未来的最强大技能。 我们每时每刻都在做出决策，不管是大决策、小决策、微不足道的决策，还是影响长远的决策，正是这些决策的塑造，直接决定或影响着我们的生存和发展。

我们每个人都是博弈决策者，但都是一个好的决策者吗？

在一个充满不确定性的世界里，没有任何办法保证我们的决策是完全正确的，也没有任何办法保证我们一定会成为一个好的决策者。 这是因为，我们的任何决策都是基于所掌握的信息和我们的理性做出的。 在博弈决策时，博弈参与者一方面是"信息不对称的"，另一方面是"有限理性的"，可以说，**信息和理性既是博弈决策的制约因素，也是博弈决策的驱动因素。** 我们做出的决策若更正确、更理性，得到的回报就会非线性地增加。

理性的决策要求我们从其他博弈参与者的角度来考虑博弈决策问题。

著名经济学家亚当·斯密在其著作《国富论》中分析了经济发展的核心：分工越来越细、越来越深入，导致信息越来越不对称；但是，信息不对称又反过来促进分工和效率的提升，促进经济发展。 这是一个正反馈、正强化的循环过程。

现今社会中的各行各业是通过分工形式而存在的。 无论什么形式的分工都意味着信息不对称。 只有将个性化的、不对称的信息整合在一起，才能构成我们日常生活和工作需要的产品、服务、生产方式。

各种社会制度促进社会分工的深入，分工反过来又深化了信息的不对称。随着专业化分工的程度越来越深，社会分工所需要的专业信息和能力素质会越来越专业、越来越不对称。 我们从事社会分工后的专业化工作的每一位，肯定都拥有自己独有的专业信息和能力素质。 换句话说，**随着社会分工的深入，我们的信息不对称程度会越来越深。**

信息不对称，让我们很容易想起著名的《盲人摸象》的故事，这个故事被许多人用于不同的目的。 著者还记得自己第一次学习《盲人摸象》的故事时的感受——觉得盲人们挺可怜的，以偏概全。

随着年龄的增长和阅历的丰富，著者越来越感受到我们每个人都是盲人，只是盲的程度不同罢了，每个人都有许多不知道的信息，信息不对称、信息有限是我们生活和工作中的常态。

信息的数量和准确性是博弈的关键。 在博弈过程中，博弈参与者对信息的掌握可以划分为几种情形：

（1）博弈参与者都知道的信息。"自己知道、博弈对手也知道，或者博弈对手知道自己知道、自己知道博弈对手知道。"——也就是公共信息，见图1博弈信息矩阵的左上角部分。

（2）博弈参与者一方知道但另一方不知道的信息。 博弈参与者一方的秘密（私人信息）这一信息是不对称的，见图1博弈信息矩阵的右上角和左下角部分。 博弈参与者可利用信息的不对称，在思考、决策时"用奇"，根据自己所掌握的信息做出应变和创新。

（3）博弈参与者都不知道的信息。 它属于一个未知的信息领域，见图1博弈信息矩阵的右下角部分。 这个未知的部分是我们颠覆式创新的发源地，是我们需要不懈努力、持续付出的部分。 只有突破这些事先不为任何人所知的部分，才称得上颠覆式创新。

	博弈对手知道	博弈对手不知道
自己知道	共识	自己的秘密
自己不知道	对手的秘密	未知

图1　博弈信息矩阵

若不能保证信息的有序流动和共享，一个人、一个组织乃至一个国家要实现具有创新性的成功是根本不可能的。

面对信息，我们最大的挑战是不知道自己不知道，因为无知最可怕。 事实上，我们可能还需要其他信息才能做出决策，却经常认为自己已经拥有了做出决策所需要的全部信息。

任何时刻，我们都不要低估博弈对手所知道的信息的价值，更不要高估自己对不知道的信息的掌握程度。

好的决策就是在充分掌握信息、考虑各种可能因素的前提下，对决策正确与否的概率尽可能做出精确的计算，最后做出"获胜概率相对较大、失败概率相对较小"的选择。

我们每个人都是盲人，只是盲的程度不同罢了。 不要低估博弈对手所知道的信息的价值，更不要高估自己对不知道的信息的掌握程度。

我们在谈到信息不对称的时候，往往想到的都是它的坏处。 确实，一些机会主义者利用信息不对称，做了些损人利己的事。

为避免有人利用信息不对称而做出损人利己的事，一些经济学家围绕信息不对称开展研究，找出了信息不对称对合同、企业制度安排和激励行为的影响。 这些年的诺贝尔经济学奖已多次被授予研究信息不对称的经济学家。

博弈并不是要改变信息不对称，而是要利用好信息不对称。

在信息越来越不对称中，博弈参与者很难拥有决策所需的所有信息，在做大多数决策时信息都是有限的。 但是，我们还是应该尽可能多地掌握该掌握的信息，同时也要清醒认识到这个现实——我们每个人所掌握的信息都是有限的、都是不对称的。

若博弈参与者掌握了所有信息，那决策就只是"计算"而不是"决策"了，用计算完全代替决策是不可行的。

图灵奖得主理查德·哈明在谈到如何变得卓越时说："在许多领域，通往卓越的道理不是精确计算的结果，而是模糊和含糊不清的。"若有人告诉我们"精准地知道某事"，那么可以肯定地说，我们正在和一个不精准的人打交道。

即使并不拥有所有决策信息，但是作为博弈参与者，我们还是必须及时做出决策。

及时决策好于不决策。 如何平衡好掌握信息的多少和及时决策的关系？我们在掌握不少于所需决策信息的40％也不多于所需决策信息的70％时，就可及时做出决策。在所需决策信息的40％～70％这个区间内，一则我们拥有较充足的信息做出明智的决策，二则我们可以避免因拥有海量信息而无法下决心，这能让我们的决策更快、更明智。

博弈并不是要改变信息不对称，而是要利用好信息不对称。

著名科学家、思想家本杰明·富兰克林在《穷理查年鉴》中说过："如果你想要说服别人，要诉诸利益，而非诉诸理性。"

博弈论中的理性人假定指的是在资源约束的条件下，理性人在认知和行为上是理性的，以博弈收益最大化为目标做决策。但是，如果我们仔细观察周围并反思，就会发现现实中没有那么多理性人，理性人假定是个理想状态。我们若用理性来推断一个不理性的博弈对手，那么即使我们的决策能力高出博弈对手，但是由于博弈对手不按套路出牌，也难免会发生"乱拳打死老师傅"的悲剧。

事实上，我们每个人都只具备有限理性。这是因为我们的大脑的运行能力、加工能力、记忆能力都是有限的，我们具有有限毅力和有限自律。接近实际的博弈理论，必须接受博弈参与者是有限理性的这一现实。

诺贝尔经济学奖、图灵奖得主赫伯特·西蒙说："人类是按有目的的理性行事的，但人类又只具有有限的理性，因此才为一种真正的组织和管理理论留下了用武之地。"

有限理性使我们有意或无意地通过自己的主观行为，放大信息不对称的影响；也就是说，有时信息就在我们面前，我们却有意或无意地视而不见。

我们的大脑会对通过感官得到的信息进行主观处理、解释，形成我们的认知；认知又通过特定的决策模式指引我们的行为。可以说，我们的主观认知决定了我们的行为。**认知是我们决策和行动的出发点。**

著名社会心理学家利昂·费斯汀格曾提出过一个著名的理论："生活中的10％由发生在我们身上的事情组成，而另外的90％则由我们对所发生事情如何反应决定。"生活中只有10％属于不可抗力，另外的90％则取决于我们的认知和决策。

我们每个人的决策都受认知左右，而认知又受信息的影响，即决策依赖于信息。由于信息本身的有限、不对称，而我们还在有意无意地对信息做出不完全的片面选择，就导致了我们的认知局限。这些局限无形之中也限制和影响着我们在信息接收、事实判断以及决策方面的行为，并常常误导我们的行为，影响我们的决策质量。

对有限理性的博弈参与者而言，如何让决策更接近理性主义所期望的结果呢？解决方案并不是让我们自己如何变得更加理性（因为这太难，也不可能），而是希望我们在做出符合自己偏好的博弈决策之前，多听一听那些不同的意见，多掌握些未曾掌握的信息。只要做到这一点，我们就已踏出了成为博弈决策高人的第一步。

实验结果表明，大约有80％的集体决策比个人决策更接近最优决策，仅20％左右的个人决策会比集体决策更接近最优决策。

对于决策，不必要求每一个独立的决策者都做到完全理性，最重要的是要有不受限制的互动沟通、信息共享过程。

有限理性决策之间的互动沟通、信息共享，会抵消非理性部分的影响（但是要做出原创性贡献，就必须非理性痴迷），当所有的有限理性在一起互动沟通、信息共享的时候，最后的决策效果与基于完全理性计算出来的最优决策接近。

经过这样不受限制的互动沟通、信息共享之后，获得的集体决策抵消了决策过程中个人的非理性部分。在日常生活和工作中，我们在决策前往往会进行沟通、谈判、辩论、研讨，这都是不同意见碰撞、信息传递的过程，都具有对决策进行充分讨论，让决策更接近理性的功能。这也表明，我们在决策前，先对不同意见进行集体讨论、充分酝酿是非常有利的。

诺贝尔经济学奖得主罗纳德·科斯认为，谈判是不同意见充分碰撞、信息传递的过程，谈判可以帮助我们达到帕累托最优（双方都无法改进的空间）。其实，在谈判中我们也可以鼓励团队内部先谈判，好让决策更加理性。通过互动沟通、信息传递来扩大博弈信息矩阵的共识部分的范围，即矩阵的左上角（见图 1），以实现使更多更优决策成为可能。

公平的可以畅所欲言、真正包容不同意见的互动沟通，就是信息充分传递、信息充分共享的过程，这架起了理性和有限理性之间的桥梁。

当每个有限理性个体进行了充分、平等的信息传递、共享后，每个人的非理性部分都会在一定程度上被抵消，最后沉淀下来的决策就会更接近理性决策的结果。

对我们的有限理性产生冲击、扩大我们的视野、拓展我们的认知的，主要是那些与我们现有认知不同的外部信息，这些信息可能来自他人，也可能来自我们自己的阅读。这也就是我们常说的，**"读万卷书，行万里路，品万般人"**，即要多读书，多旅行，多与人交流。

人与人之间的差异不是"受过教育"和"未受过教育"，而是"喜欢阅读"和"不喜欢阅读"。

阅读是在锻炼精神的肌肉，运动是在锻炼身体的肌肉。阅读是我们终身学习、终身成长的标志。

丘吉尔当选英国首相后做的第一件事就是提出战争期间的英国必须组建联合内阁，也就是保守党邀请工党（反对党）一起组阁，这样的话，丘吉尔认为可以保证他第一时间听到反对的声音。

不同立场的观点和信息的碰撞虽然无法保证决策的正确，但是可以尽可能地帮助我们避免犯一些不该犯的决策错误。

"东北王"张作霖曾有一个跟随他多年的叫任毓麟的秘书，张作霖担任东三省巡阅使时，任毓麟升任巡阅使秘书长。 中华民国临时政府执政期间，张作霖入京就任北洋政府陆海军大元帅，并组建政府内阁。 当时，许多人都认为任毓麟会被任命为内务总长或教育总长，然而，张作霖在京执政三年多，内阁改组八次，却从未对任毓麟进行过任何提名。 有人替任毓麟打抱不平，对张作霖说："任毓麟跟随您十多年，忠心耿耿，办事认真，文笔很好，您为何不提拔他？"张作霖的回答是："任毓麟是个好人，我对他没有什么成见。 不过他做了我八年的秘书长，却没有和我抬过一次杠，难道这八年我就没做错过一件事吗？ 用一个只知道听话和奉承我的人是会误大事的。 将帅身边最忌讳的就是这样的人。"

张作霖的用人智慧不仅体现了他的大格局，更体现出他已经克服了有限理性人的决策心理局限。 这个道理对我们的自我管理，以及组织的不同层级管理也是很适用的。

以色列边防军设定并遵守的"第十人原则"，有力地保障了其国家的安全。"第十人原则"的核心思想是：对于同一信息，若前九人都得出相同的结论，那么第十人的职责就是反对。 不管这看起来多么不可能，第十人都必须假设前九人都是错的，从不同维度重新进行思考。

也有著名企业家曾经这样总结自己的决策经验："在没有听到反对意见之前，我不会做任何决策。"

这些各行各业的优秀决策者，因为了解自己在认知决策上存在有限理性局限，所以用"第一时间听到反对意见"来避免自己落入偏差（可预测的非理性）和谬误陷阱。

公平的可以畅所欲言、真正包容不同意见的互动沟通，就是信息充分传递、信息充分共享的过程，这架起了理性和有限理性之间的桥梁。

决策决定的是未来，而未来原本就是充满不确定性的。

决策一定是面对不确定性的，我们的所有决策都是不确定性决策，我们在任何时刻的决策针对的都是"此刻以后"的事情。

博弈参与者拥有的信息越多，即对决策的博弈参与者、博弈策略、博弈收益等规则内容了解得越多，博弈决策的正确性就越高，博弈收益自然而然也就会越大。 有研究表明，一个决策正确率为 80％ 的人，要比决策正确率为 70％ 的人在社会上的价值以及所获得的回报高出数百倍。

信息在博弈中占有重要地位，决策的正确率、博弈的收益很大程度上依赖于信息的准确度与多寡。

在博弈过程中，博弈参与者对信息的利用方法是：

> **在合作博弈中，要分享信息。**

分享信息是指通过博弈参与者做出的决策来向博弈对手分享关于自己的信息。 这使得博弈信息尽可能完全，而博弈信息是否完全会给博弈的收益带来不同的结果。

那么在博弈信息不完全的情况下，如何让博弈对手知道或认为我们是一个值得信任、可以合作的人呢？要尽可能多地分享信息。 譬如，某年轻人辞掉工作、把家搬到自己的对象家附近，这就是该年轻人与自己的对象分享自己对这段恋情认真负责的信息。 不抱有认真负责态度的人，是很难做出这种牺牲的。

> **在非合作博弈中，要模糊信息。**

模糊信息就是博弈时信息能够被我们（发信者）主观地加工、改造，进而产生畸变；另外，通过一定的方式和手段，也可使我们（收信者）对信息产生失真甚至错误的理解认识。

在博弈过程中，博弈参与者对信息的利用方法是：

> **在合作博弈中，要分享信息；**

> **在非合作博弈中，要模糊信息。**

我们每个人都是信息的发送者和接收者。 那么，分享信息、模糊信息都存在发送者和接收者，如表 1 所列。

若我们是信息的发送者，那么我们可以通过向博弈对手发送要分享的信息，或发送要模糊的信息来达成自己的目标。

表 1　博弈过程中的信息传递

角　色	分享信息	模糊信息
发送者	基于合作，发送要分享的信息	基于非合作，发送要模糊的信息
接收者	基于合作，接收所分享的信息	基于非合作，接收所模糊的信息

若我们是信息的接收者，就要接收所分享的信息，或接收所模糊的信息，然后敏锐地判断出这些信息背后隐藏的更多、更深层次的信息，并利用好这些对自己有益的"信息背后的信息"赢得博弈。

博弈参与者的决策行动是依据自我理性以及所掌握的博弈信息来进行的，从而实现博弈收益的最大化。

发送要分享的信息：基于合作

若要各个领域的科学家们列出他们心目中最重要的问题，他们给出的问题往往各不相同。 譬如：宇宙是怎样形成的？ 意识是如何出现的？ 如何找到根治癌症的疗法？ 合作是怎么产生的？ ……在这些最重要的问题中，"合作是怎么产生的？"这个问题是社会科学家和生物科学家都认同、关注的最重要的问题。

合作追求的是集体利益的最大化，对合作者个体有所约束，往往要求合作者为了集体利益的最大化，采取不一定符合个体利益最大化的行动，这就意味着我们或许难以看到合作现象。 但是在现实世界中，合作却出现在无数领域中，并且达到了非常大的规模。 我们观察到，蚂蚁、蜜蜂、人类、人类组织之间，乃至国家之间都存在着广泛而深度的合作。 这是因为合作能够创造出比个体单干更高的效率，增加个体和集体的利益。

合作是我们人类社会的头等大事，为此还建构了强大的意识形态和各种形式的组织。 如何实现"合作最大化、冲突最小化"，一直是人类社会各历史阶段的专家学者苦苦探究的重大问题。

博弈论对于合作的研究可以分为三种情形：一是若事先可以达成有约束力的承诺或合约，则利用合作博弈方法。 二是若事先无法达成有约束力的承诺或合约，或者达成合约的成本过高，则利用能够实现合作结果的非合作方法，如谈判博弈等。 三是利用无限次重复动态博弈，即博弈参与者之间进行长期重复博弈。 本质上，无限次重复动态博弈和谈判博弈都是达成合作的非合作方法，它们通过充分、互相发送要分享的信息来实现合作。

在信息经济学里，我们常说的信号传递就是信息优势的一方（拥有私人信息的一方），往往会采用某种策略行动向信息劣势的一方（不知道对方私人信息的一方）发送相关信号，来告诉对方自己的真实类型、真实意图和真实价值。 其实，不管是信号传递、还是消息传递，本质上都是信息的传递、信息的分享。

消息映射成信号，信号在博弈参与者之间传递，信号运载着消息，消息包含着信息。

博弈论研究的核心内容是博弈参与者之间的互动策略行为。 博弈的结果不能由博弈参与者自己的行为决定，而取决于博弈各方的行动。 于是，在博弈过程中，一些博弈参与者为达到某种目的，往往会采取某种行动来影响博弈对手的行为，通过信息分享，阻止博弈对手做不利于自己的行动选择，或诱导博弈对手做有利于自己的行动选择。

在合作博弈过程中，博弈参与者发送要分享的信息，其策略（行动）要：

➢ 可观察、易识别；

➢ 高价值（有成本），在边界内尽可能把事情做好。

只要不违反法律，博弈参与者大可以好好利用信息分享帮自己解决难题，还可以在边界内巧妙地利用信息的不对称，将有利于自己的信息分享到博弈对手那里，让自己更顺利地实现博弈的目标。

在博弈过程中，博弈参与者作为分享信息的发送者，其策略（行动）要：

➢ 可观察、易识别；

➢ 高价值（有成本），在边界内尽可能把事情做好。

信息传递在政府的依法治国基本方略中发挥着重大作用，这里用劫机事件的案例来说明。 现假设劫机犯的目的是逃走，那么依据政府的不同类型（人道型和非人道型）会有不同的策略行动。 人道型政府会出于人道的考虑，尽全力最大可能地解救人质，同意放走劫机犯；而非人道型政府则会无论何时何地总是首选把飞机击落。 若是完全信息，劫机犯知道政府的策略行动，那么人道型政府统治下将会有劫机犯，而非人道型政府统治下将不会有劫机犯。 这与现实也是相符的，汉武帝时期，法律规定对劫持人质者一律格杀勿论，有一次汉武帝的小女儿被一个劫匪绑架了，汉武帝依然下令将劫匪射杀，遗憾的是汉武帝的小女儿也死于非命，但是这事之后国内不再有劫持人质者。

若是不完全信息，想劫机的人不知道政府是人道型的还是非人道型的，那么这个人仍然有可能成为一名劫机犯。

人的行为是法律法规的函数。 若要防止犯罪的发生，一个政府仅有严厉的刑罚是不够的，还要进行普法教育（分享信息），让广大人民了解违法所带来的严重后果。 人若不知道会面临什么样的刑罚以及所带来的严重后果，就不会用这些法律法规来约束自己的行为，现实中的许多悲剧往往就是因为不了解法律法规酿成的。

诺贝尔经济学奖得主加里·贝克尔认为影响个人犯罪的核心要素有两个：**"被发现的概率"** 和 **"处罚的严重程度"**，而从分享信息的角度来看，还需加上 **"对法律法规的了解程度"** 这一核心要素（这也表明普法教育的重要性），这三个核心要素共同作用，影响个人犯罪率。 另外，从更深层次讲，**一项法律法规要规范人们的行为，就必须让人们具备该法律法规的"共同知识"**，否则就是空谈。 在劫机案例中，非人道型政府最好公开透明地把自己的类型信息分享给公众，这样才能杜绝劫机现象的发生。

我们遵守法律法规以及各种规章制度，是为了显示我们自己是合作型的。

我国是礼仪之邦，逢年过节亲朋好友之间有互相走动、送礼的习惯；但是，送礼最重要的是礼物对送礼者的成本，而不是礼物对接受者的价值，也就是说，谁送的很重要，谁送的礼物是跟送礼者相匹配的，实际上这也是一种可观察、易识别的信息分享。

在现实中，我们作为单个个体，有时候也需要把自己的信息分享给他人。譬如，求职时，我们就需要尽可能地把关于自己优势和长处的信息分享给招聘者。 另外，大部分有钱人都爱穿品牌服装、开豪车、拎名牌包，这就是一种显示自己身份和财富的信息分享。 当然，这种信息的分享，陌生人之间是需要的，熟人之间就没必要了，这就像世界首富随便开个福特牌的小车，我们也不会认为他没钱。 只有陌生人之间才需要这种高价值（有成本）的信息分享，我们可以利用信息分享在法律法规的边界内尽可能地把事情做好，达到自己的预期目的。

另外，企业的高管主动降薪，向社会传递的就是一个正面、积极、高价值（有成本）的好信息，表示该高管对这个企业的未来发展充满信心，自己的收益不是依赖于企业现在所给的工资，而是更多地靠企业未来的收入，如股票、期权等给自己带来的更高报酬。

类似地，雄孔雀拥有长长的漂亮的尾巴，在向雌孔雀求偶的时候，它们会开屏展示漂亮的尾巴。 其实，这在自然界里是非常不利的，因为拖着这么长的尾巴是很难逃避天敌的猎杀的。 但是，为什么雄孔雀还要拖着长长的尾巴呢？这是雄孔雀在发送要分享的信息，告诉雌孔雀，自己的基因非常好、身体很强壮，即使拖着这么长的尾巴也能很好地生存，所以可以放心地和它在一起生活。

这些都是很典型的信息分享案例。

发送要分享的信息需要支付成本，不同类型的博弈参与者的信息成本不同，这是信息分享能够起作用的原因。

基于合作，发送要分享的信息还有两个基本的策略性行动，一个是威胁，一个是承诺。

威胁是博弈参与者对不肯与自己合作的博弈对手进行惩罚的一种回应规则。 换句话说，威胁就是博弈参与者要求博弈对手不要做某事，若做了，则会对博弈对手进行惩罚。 譬如，我们想让自己的客户提前支付货款，那我们可以说"若您无法提前支付货款的话，那我们可能就没办法保障到货时间"，这就是一个威胁。

承诺是博弈参与者对愿意与自己合作的博弈对手提供回报的一种回应规则。 换句话说，承诺就是博弈参与者要求博弈对手做某事，若做了，则会对博弈对手进行奖励。 譬如，我们想让部门员工努力工作，那我们可以说"大家再辛苦辛苦，等这个项目忙完了，给大家好好放个假"，这就是一个承诺。 可见，威胁、承诺是我们常用的博弈策略。

威胁、承诺都是在博弈参与者均没有采取实质性行动之前，博弈一方通知博弈其他方的声明，这是一种信息分享。 威胁和承诺在本质上是一样的，都是博弈参与者事先说好会根据博弈对手下一步的行动而采取某一相应的行动。

威胁是博弈参与者对不肯与自己合作的博弈对手进行惩罚的一种回应规则。

承诺是博弈参与者对愿意与自己合作的博弈对手提供回报的一种回应规则。

诺贝尔经济学奖得主谢林提出了一个关键的概念——"可信性"，即先行动的博弈参与者是否应该相信后行动的博弈参与者会采取某种策略或行动。 可信不可信，关键在于事后的利益格局。

威胁和承诺时，博弈参与者要设身处地地进行利弊分析。 可信意味着别无选择，"事前最优"和"事后最优"相一致；而不可信则意味着"事前最优"和"事后最优"不一致。 对理性的博弈参与者而言，只有可信的威胁和承诺才有意义。 譬如，二手车市场建立的一些易于识别的信息分享机制：有退款保证的交易机制、质量三包……，使得购买方能够区分不同质量的二手车。 这类具有可信性的承诺行为，使得拥有高品质二手车的卖方能有效地向购买方发送"该二手车是高质量的"这一信息，这避免了逆向选择结果的发生。

威胁和承诺有两个重要特点：

➤ **清晰性。** 若博弈对手不清楚我们的威胁和承诺，就难以让博弈对手按我们的意愿去行动。

➤ **可信性。** 不论是威胁还是承诺，一定要可实现才行；否则，博弈对手就会无视我们的威胁和承诺。

博弈参与者采取某种成本较高的行动，使得一个原本事后不可信的威胁变成一个事后可信的威胁，事前最优和事后最优相一致，则这种行动被称为承诺。何谓可信的威胁？博弈参与者在不实行这种威胁就会遭受更大损失的时候而采取的某种行动，这种行动使其威胁成为一种可信的威胁。可见，承诺限制了博弈参与者的自身选择，承诺发挥作用的关键是需要付出较高成本的。

博弈参与者只有足够早地、尽量实际地做出承诺，才能影响博弈对手的决策行动。任何做出承诺的博弈参与者都必须率先行动。

譬如，红军和白军争夺一个小岛。若红军誓死保卫小岛，白军的最优行动就是放弃进攻；若红军保卫小岛的决心并不坚定，白军的最优行动就是进攻。现在，红军就可以采取一个"承诺"行动，一上岛就主动毁掉船只，拆掉桥，断掉自己的退路，展示背水一战、誓与小岛共存亡的决心，这个时候白军就会觉得红军誓死保卫小岛是可信的，其最优行动就是放弃进攻。

在现实中，言出必行，但不轻易承诺，这是维持良好的人际关系、赢得信赖与人气的铁律。不要习惯性地把承诺挂在嘴边，那样只会让我们的承诺和人品变得一文不值。

可信的承诺必须是不可逆转的，并且能被博弈对手观察到，它可以改变博弈的结果。《破釜沉舟》的故事是承诺案例中的经典。

《破釜沉舟》的故事见于《史记·项羽本纪》。秦朝末年，反对秦朝暴政的农民起义此起彼伏，战争不断。公元前 207 年，秦将章邯命大将王离、涉间率 40 万大军包围赵国的巨鹿。当时，救巨鹿的诸侯军有十多支队伍，却没有哪一路兵马敢向围攻巨鹿的秦军挑战。项羽执掌帅印后，尽管知道楚军和秦军兵力极其悬殊，还是率大军渡过黄河，然后把饭锅打破、把渡船凿沉，命令士兵只携带三日口粮。战争中项羽身先士卒，冲锋在前，楚军在项羽的率领下，个个英勇无畏，视死如归，勇往直前、以一当十，大败秦军，缓解了巨鹿之围，这就是历史上著名的巨鹿之战。这是消灭秦军主力的一次决定性战役，也是历史上著名的以少胜多的经典战役之一，不但打垮了秦军主力，更是一举奠定了"楚兵冠诸侯"的英明。

《破釜沉舟》的故事，不光在咱们中国的历史上发生过，在其他国家的历史上也有类似的经典案例。咱们是把所有的船只都沉了或烧毁了，而西班牙人埃尔南·科尔蒂斯的做法则有一点不同：保留了一艘完好无损的船。留下一艘船可谓是神来之笔，它制造群体性压力氛围，迫使那些胆小怯懦的战士不会返回；而决定留下的战士，内心已经忠于这个任务。这正如科尔蒂斯告诉他的战士们的那样："至于我，我已经做出了我的选择。我会继续留在这里，只要有人与我并肩而战。如果有任何人怯懦胆小，不愿意同我们一起分担这项伟业的危险与荣耀，以上帝的名义，让他们回家。还有一只完整的战船存留，能够载着他们回到家乡。待他们返乡，他们可以告诉家人，在征途中，他们是如何背弃了自己的将领和战友，然后唯有耐心等待，等待着我们满载阿兹特克的战利品光荣凯旋。"

科尔蒂斯决定保留一艘船而击沉其他船只，这也是关于承诺的经典案例。

可信的承诺是不可逆转的且能被博弈对手观察到，它可以改变博弈的结果。

与承诺有点相似的是"威胁"，它相当于"如果你不……我就……"。威胁是向不肯合作的博弈对手传递将进行惩罚的一种信息。威胁意味着如果博弈对手采取与博弈参与者自己的利益相违背的行动，博弈参与者将采取行动使博弈对手在博弈中遭受损失；威胁的目的在于防止其他博弈对手做出一些对博弈参与者自己不利的事情，它具有威慑的功能。

若某威胁会对发出威胁的博弈参与者自己产生伤害，或者实施该威胁的行动成本太高，导致根本无法实施，那么该威胁就是不可信的威胁。 也就是说，当发出威胁的博弈参与者选择某威胁所宣称的策略行动时，对自己并没有好处或者是"弊大于利"，那么这个威胁就是不可信的。

在博弈过程中，博弈参与者若采用威胁策略，就一定要相信博弈对手也会采取对威胁的辨别和反威胁策略，将不可信的威胁剔除出去，从而预测博弈的结果。

其实，即使在迫不得已的情况下采取威胁的策略也必须保持理性适度原则，不应该让自己的威胁超过必要的范围。

威胁可信，有助于改变博弈的结果；威胁不可信，无助于改变博弈的结果。 譬如，"私奔博弈"在古代爱情故事中有许多，大户人家的女儿喜欢一个穷书生，父母不同意女儿与穷书生交往，就威胁女儿说："如果你再同他交往，我们就与你断绝父（母）女关系。"对爱情执着的聪明女儿，会辨别这样的威胁往往是不可信的，于是把父母不可信的威胁置于不顾，继续与穷书生交往，最终与之结婚生子。 一旦木已成舟，父母也只好默认，并不会真的跟女儿断绝关系，最后也会承认并接纳那个当初他们并不喜欢的女婿。

若一个威胁是成功的，则发出威胁的博弈参与者无须实施威胁的内容，这对发出威胁的博弈参与者而言是"没有成本"的。 也正因为如此，威胁往往会被夸大；然而，夸大威胁的后果可能导致威胁变得不可信，这是我们需要把握权衡的地方。

我们进行合作博弈决策时，只畏惧可信的威胁，只相信可信的承诺。

承诺、威胁可信，有助于改变博弈的结果；承诺、威胁不可信，无助于改变博弈的结果。

在合作博弈过程中，为降低或避免信息有限、信息不对称所带来的错误判断和决策，拥有信息的博弈参与者要将信息分享给缺乏信息的博弈参与者，以弥补其决策所需信息的不足，提高以合作为目的的博弈决策的有效性和准确性。

接收所分享的信息：基于合作

信息不对称，对处于信息优势（拥有信息）的博弈参与者和处于信息劣势（缺乏信息）的博弈参与者而言，往往都有不利的影响。

对处于信息优势的博弈参与者而言，虽然许多时候保守信息对自己有利，但也存在希望将信息分享给博弈对手的情况。 譬如，当求职者有真才实学的时候，就非常想让用人单位了解自己的真实水平。 在二手车交易市场，拥有货真价实的车的卖方就希望将自己的车的质量信息分享给买方，希望买方了解真实情况。 而处于信息劣势的博弈参与者更是希望尽可能多地掌握些博弈信息，克服自己拥有博弈信息的有限性。 问题是，信息具有可伪性，信息的真实性难以保证，特别是那些处于信息优势的博弈参与者，若存在欺骗的动机，则所分享的信息就很难判断出真伪，这就需要处于信息劣势的博弈参与者善于从不同维度分析，能从所接收的信息之中找到真实可信的信息。 可见，通过博弈参与者之间的信息分享，解决信息不对称问题并不简单。

在博弈过程中，由于信息不对称，处于信息劣势的博弈参与者为达到合作的目的，往往会设计一个有效的博弈机制，使处于信息优势的博弈对手说真话，显示出真实的偏好，然后根据博弈对手的决策结果将隐藏着的信息识别出来，缩小信息不对称的差距，从而进行更优的博弈决策，实现博弈收益的最大化。

博弈机制的设计就是设计一套博弈规则（用博弈规则的确定性来应对博弈结果的不确定性），令不同类型的博弈参与者做出不同的决策。 一般分为三个步骤：一是处于信息劣势的博弈参与者设计一个有效的博弈机制；二是处于信息优势的博弈参与者决定是否接受这个博弈机制；三是若处于信息优势的博弈参与者接受这个博弈机制，则博弈双方按照这个有效机制进行博弈。

在合作博弈过程中，博弈参与者接收所分享的信息，其策略（行动）要：

> 设计合理的博弈机制，让博弈对手传递信息；

> 善于从内外感官、多维度分析问题，把接收信息分解到不同的维度来理
  解，减少认知误差。

在现实的谈判、拍卖、议价等活动中，我们"看不见博弈对手的牌"，也不知道博弈对手是不是在故意误导我们，这都涉及信息缺乏的处理，以及如何分析、揣摩博弈对手的策略行动等。

尽管每个博弈参与者的特征信息都可能是隐匿的，我们观察不到，但博弈参与者所做出的不同决策的信息却可以观察到，我们可以通过观察不同博弈参与者的决策信息逆向推理出每个博弈参与者的真实特征信息，即进行信息甄别。

飞机、轮船等设立头等舱、经济舱，酒店的星级分类，影剧院的不同座位价格表，冰棍的不同品种与价格等，都是实现信息甄别的机制设计，其理论依据就是互信息理论。所有这些做法都是为了甄别不同类型的客户，客户的支付能力无法直接观察，但客户的策略选择是可观察的，因此需识别出可以支付更高价格的客户，从而赚取尽可能多的利润。

在合作博弈过程中，博弈参与者接收所分享的信息，其策略（行动）要：

> **设计合理的博弈机制，让博弈对手传递信息；**

> **善于从内外感官、多维度分析问题，把接收信息分解到不同的维度来理**
  解，减少认知误差。

当博弈参与者处于信息劣势时，如何让博弈对手分享信息呢？可进行机制设计，也就是说，处于信息劣势的博弈参与者可以设计一个有效的博弈机制，使处于信息优势的博弈参与者披露信息，促使其理性行为与处于信息劣势的博弈参与者的目标一致。

古老的犹太王国的所罗门王为我们提供了一个很典型的机制设计的案例。

两个妇人为争夺一个婴儿到所罗门王那里告状。一个妇人说："陛下，我和这妇人同住一个房间。我生了一个孩子，三天后这妇人也生了一个孩子，房间里再没别的人。夜里这妇人睡觉的时候，把自己的孩子压死了。她半夜醒来，趁我睡着了，把我的孩子抱去了。"另一个妇人赶紧说："不对，这活着的孩子是我的，死的才是她的。"她们吵得不可开交，没有结果，所罗门王稍加思考后断然做出决定："把剑给我……我把这个孩子劈成两半，你们两个人一人一半吧。"一个妇人同意，另一位妇人坚决反对："陛下把这孩子给她算了，千万不可杀这孩子！"所罗门王知道心痛孩子的妇人一定是孩子的亲生母亲，就把孩子判给了她。

所罗门王进行机制设计"将孩子一劈为二"的时候，就已经预料到亲生母亲应有的反应，亲生母亲一定非常爱自己的孩子，为了孩子的生命会不惜放弃对孩子的抚养权。于是，在该博弈机制之下，不待"执行"，是否是亲生母亲就已经清楚明白。

我们不去研究这个故事是否真实，也不去讨论故事中那位"同意"的妇人是不是很傻。如果她足够理性的话，也可以不同意，那样的话，也许所罗门王就没办法断案了。现在，我们只关心在这个案例中透露出来的博弈策略。所罗门王是处于信息劣势的，他完全不知道哪一位妇人才是孩子的亲生母亲。但是他也知道，亲生母亲是不会让自己的孩子被劈为两半的，而假母亲则有可能对此漠不关心。基于这样的推理，所罗门王设计了一个策略，要求"将孩子一劈为二"，让两个妇人自动做出不同的决策，从而英明断案。

这就是典型的对强相关信息的充分利用。

假设那个假母亲意识到所罗门王不可能真的杀掉这个孩子，也就是说，威胁是不可信的，所罗门王还能知道谁是亲生母亲吗？

电视剧《绍兴师爷》里的方师爷遇到了一个同样类型的案子，但方师爷的办法是让两个妇人把孩子往自己身边拉，谁抢到孩子归谁。结果，亲生母亲不忍看自己的孩子遭罪就主动放弃了，最后方师爷把孩子判给了那个先放弃的妇人。 相比较而言，方师爷采用的信息甄别机制设计比所罗门王采用的机制设计更适用、更有效。

我们熟知的《指鹿为马》的故事，虽然是反面教材，秦朝丞相赵高手段粗劣，但其作用与所罗门王断案有异曲同工之处，也是进行机制设计，把满朝文武大臣区分开来——弄清哪些是自己的支持者、哪些是反对者、哪些是中立者，以便更好地使用、除掉或提防这些文武大臣。 当然，这也为赵高埋下了杀身之祸，使他最终落得个"颠倒黑白、混淆是非"的千古骂名。

由此可见，机制设计的主要目标就是处于信息劣势的博弈参与者设计一个博弈，使得处于信息优势的博弈对手的行为有利于自己，从而实现自己的期望。

信息时代，善用等价信息、强相关信息，是我们每一个人都必须掌握的工作技巧。

在信息经济学、激励理论、博弈论等方面硕果累累的诺贝尔经济学奖得主威廉·维克瑞，不仅在不对称信息下对激励理论做出了奠基性贡献，而且发明了维克瑞拍卖法，即二级密封价格拍卖法。 维克瑞拍卖法就是潜在的买主向拍卖主持人递交密封的出价，出价最高的买主会赢得标的，但买主只需以等于次高价的价格成交。 其最佳的策略是：**以拍品"真正"对博弈参与者有多少价值作为参考标准来投标，披露真实的价值。** 譬如，一件拍品要进行拍卖。 这件拍品在每个买主 i 心中都会有一个评估价值 v_i。 但是，卖主（拍品拥有者）不知道买主的评估价值，买主也不会真实地将自己对拍品的评估价值告诉卖主，不同买主之间也不知道其他人的评估价值。

为更好地看透拍卖的本质，让卖主、买主和纳税人都受益，经济学家们基于整体的、动态的视角，系统设计了"英式拍卖法"、一级密封价格拍卖法、二级密封价格拍卖法（即维克瑞拍卖法）等拍卖机制，将有限的拍品分配给最佳潜在买主。

若采用"英式拍卖法"，则由买主们轮流出价，直到开出最高价的买主支付所开出的最高价格并拿走拍品。采用这种拍卖方法，拍品并不能按买主心中的最高评估价值卖出。就像买主中的最高评估价值为 90 万元，而次高评估价值为 85 万元，当评估价值最高的买主开出 86 万元时，就可买走其评估为价值 90 万元的古董，但只支付了 86 万元。又由于这是公开竞价，还可能出现买主们合谋压价，即围标问题。

另一种方法是一级密封价格拍卖法。买主们将自己开出的价格写入一个信封，密封后交给拍卖主持人。拍卖主持人拆开所有信封，将拍品卖给信封中出价最高的买主，并要求这个买主支付最高的价格并拿走拍品。这种方法可避免买主们围标，但拍品还是不能以买主中最高的评估价值卖出，因为买主不会老老实实地将自己开出的价格写为自己心中的评估价值。若买主认为该拍品值 90 万元，他不会开出 90 万元的价格，因为当他开出比 90 万元更低一些的价格时，就有可能赢得拍品并净赚一个价值与价格的差额。当他开出 85 万元时，就有可能成交并净赚5 万元。相反，当他开出 90 万元时，即使成交也没有什么赚头，于是，买主们都不会老老实实报出心中的评估价值。

诺贝尔经济学奖得主威廉·维克瑞发明的二级密封价格拍卖法（即维克瑞拍卖法），充分考虑了整个拍卖过程中的各个要素以及要素之间的关联，把握拍卖的本质，避免了买主们的围标，尤其是让买主们老老实实地开出自己心中的真实评估价值。

维克瑞拍卖法要求每个买主向拍卖主持人递交密封的出价，出价最高的买主会赢得标的，但买主只需支付次高价即可拿走拍品。若出价最高的为 100 万元，第二高的为 95 万元，拍品就卖给开出 100 万元的人，但赢得标的的买主只需支付给卖主 95 万元。

维克瑞拍卖法：每个买主向拍卖主持人递交密封的出价，出价最高的买主会赢得标的，但买主只需支付次高价即可成交。

在二级密封价格拍卖的博弈中，最佳策略是：**以拍品"真正"对买主自己有多少价值v_i为参考标准来报价，也就是披露真实的价值。**

现用s表示拍品的次高真实价值（成交价）。 买主i的报价有三个策略，即报价等于真实价值v_i、报价高于真实价值（$a > v_i$）和报价低于真实价值（$b < v_i$）。 先比较报价等于真实价值v_i和报价高于真实价值（$a > v_i$）这两个策略：当$s > a$时，买主i的这两个策略都导致收益为0；当$s < v_i$时，买主i的这两个策略都导致收益为$v_i - s$；当$v_i < s < a$时，第一个策略导致买主i的收益为0，而第二个策略导致买主i的收益为负，即$v_i - s$。 分析可得，第一个策略弱优于第二个策略。

再比较报价等于真实价值v_i和报价小于真实价值（$b < v_i$）这两个策略：当$s > v_i$时，买主i的这两个策略都导致收益为0；当$s < b$时，买主i的这两个策略都导致收益为$v_i - s$；当$b < s < v_i$时，第一个策略导致买主i的收益为$v_i - s$，而第二个策略导致买主i的收益为0。 同样分析可得，第一个策略弱优于第二个策略。 综上所述，按真实价值v_i报价是占优策略。

现举例说明，假设买主觉得拍品的真实价值是100万元，那么买主不会开出高于100万元的价格，因为那样做对买主来说是损失。 但如果买主的报价低于100万元，比如97万元，而另有买主出价98万元，则出价97万元的买主就失去机会。 既然高于真实价值和低于真实价值都不好，**那么买主按自己的真实价值v_i来报价就是占优策略。** 占优策略的本质就是一个与其他博弈对手可能采取的策略无关的最优选择。

在二级密封价格拍卖中，每个买主都按真实价值v_i报价。

以次高价成交是个好制度，鼓励所有的博弈参与者在不对称信息下说真话。 次高价对出最高价的买主而言，不仅是一个福利，更是一个不确定性。 也正是这个不确定性，让买主们算无可算，不敢偏离成本或自己内心认为的真实价值，最后只能按照自己的真实意愿出价。

面对不确定性，按照真实意愿决策是最正确的。 出真实的价格可能会让我们失去一些机会，但永远不会让我们一败涂地、血本无归。出真实的价格也代表着我们尽了最大努力来最大化自己的机会。另外，面对不确定性，如何约束我们的行为呢？其保底原则是不做损人利己的事情。损人不一定利己，甚至可能损己，诚实是最正的价值观，更是"两难"问题的决策智慧。

维克瑞拍卖法揭示了在不对称信息下，诚实是最聪明的策略。

记得多年前听过这样一个笑话：某修道院里的两个修士都爱抽烟，一天，他们俩商量后决定去找院长，请示一下能否抽烟。第一个修士就去问院长："我在祈祷的时候能不能抽烟？"院长说："当然不行，祈祷这么重要的事，怎么能抽烟呢？"便很生气地把第一个修士赶走了。然后，第二个修士去问院长："我在抽烟的时候能不能祈祷？"院长高兴地抚摸他说："孩子，任何时候你都可以祈祷"。同样的情形，两个修士得到的结果完全不一样。

以往，我们把这个笑话当作关于讲话技巧的故事来听，第二个修士比第一个修士会说话，明明是一回事，采用不同的说话技巧，同一个院长就会给出完全不同的答案。对这个故事，如果我们往深处琢磨一下，还是会感受到这两个修士所说的情形是有所区别的。

若我们用外在的感官（肉眼）来体会，会觉得这两个修士所说的行为是一回事，但是用内在的感官来体会，这两个修士所说的行为是完全不一样的：一个修士是吊儿郎当的，在祈祷的时候抽烟；一个修士是非常虔诚的，在任何时候都在祈祷。可见，这两个修士所说的行为是有本质区别的。

类似的场景分享的是同样的信息，但是如果我们用内、外不同的感官来体会，从所分享的信息中接收到的意义却是完全不同的。

在现实中，对于从一个维度分不清的两件事，如果我们换个角度看可能就能分得清清楚楚、明明白白了。

譬如，如图 2 所示的长方体和圆球。从正面观看，长方体和圆球重叠了，分不开；而从侧面看，长方体和圆球之间的距离其实很大。

图 2 长方体和圆球

音乐会现场录音时，我们会通过将音频信号转换成频率信号，把类似咳嗽等不和谐声音过滤掉、处理干净。

遇到问题是"常态"，我们要善于从内外感官、多维度来分析自己所面临的问题，去除噪声、干扰，抓住问题的本质。 类似地，在我们接收所分享的信息后，要善于把这些信息分解到不同的维度来理解，减少认知误差。譬如，1941 年，第二次世界大战中，美国军方认为，若每次战斗中自己被击落的飞机比对方少 5％，消耗的油料低 5％，弹药多 5％，机动性高 5％，就会最终成为战争的胜利方。于是，美国军方请专家们来设计飞机改进方案，他们为专家们提供了一些已掌握的数据，主要是关于飞机上弹孔的分布的：弹孔分布并不均匀，翅膀上比较多，引擎上比较少。当时，军方普遍认为，应该在受攻击最多的部位增加装甲，于是找到著名统计学家亚伯拉罕·沃德，希望得到肯定的答案。但是，沃德彻底否定了军方的想法，给出了完全相反的答案。沃德认为，需要增加装甲的地方不应该是留有弹孔的地方，反而是没有弹孔的地方，即飞机的引擎。

飞机各部位被击中的概率理论上是均等的。从已掌握的样本数据看，相比较而言，引擎上的弹孔明显比其余部位上的少，这说明那些被击中引擎的飞机根本没有机会返航。这些样本数据都来自成功返航的飞机，这也说明即便翅膀被打得千疮百孔，飞机仍能安全返航。

最终，军方按照沃德的建议改进了飞机，取得了良好的作战效果。**"看不见的弹痕才是最致命的"**，这个故事可概括为"幸存者偏差"。

统计学家沃德对于飞机、空战的理解，肯定是远不及美国军方的，但他却能看到美国军方没有发现的盲点，这是因为他的数学常识让他有良好的思维习惯，他在得到结论之前会反问：这些飞机样本数据是如何选取的？ 而美国军方恰恰忽视了样本数据选取不具有代表性这一点。

同样，我们若只关注比尔·盖茨、马克·扎克伯格等著名科技公司的创始人，就可能会得出"辍学追求梦想是个好主意、好方法"的结论，这就犯了"幸存者偏差"的错误，样本取值只想到"幸存"下来的成功者，而忽略了那些没能登顶、中途倒下的辍学者。 另外，我们每到一个大城市就会觉得古建筑比现代建筑更美观更漂亮，实际上我们看到的古建筑都是大浪淘沙留下来的，同期的那些丑陋建筑已统统被拆除了。

微生物学家路易·巴斯德有句名言："机遇只青睐有准备的头脑。"同一个事件发生在我们面前，只有那些有头脑的人才能看出它的积极、消极意义，解读出信息背后的信息，抓住事件的本质。 譬如，同样听一场演唱会，外行听热闹，内行听门道，有准备的头脑却可能获得灵感。 所以关键是头脑，若我们的头脑里没有相关知识的思维模型，再好的东西呈现在我们面前，也难以发生化学反应。 这靠的是我们以前的知识积累，比拼的是基本功。

这也是为什么我们要多学一点像数学、物理或者信息论这种看似在生活中用不到的通识课程。 那一个个抽象出来的基本概念、原理和方法，是我们透过纷繁复杂的表象，认识问题本质的基本功，让我们的生活和工作有一个基准，使我们遇事能够找出正确的方向。

我们考察和判断一个人是否有处理问题的能力，不是考察他在纯粹无噪声、无干扰的条件下的能力，而是要考察他能否在有噪声、有干扰的情况下，依然能把有效信息找出来并处理利用好这些信息。

发送要模糊的信息：基于非合作

信息是对客观世界的认识和对主观思维的表述。 信息无处不在但自身无形，我们往往是以声音、文字、图像、视频或其他形式将其表现出来，那么，在信息从一种形式变换为另一种形式的过程中，**我们可采用信息模糊方法，将可理解的信息变成不可理解的信息，增加不确定性。**

博弈参与者发送要模糊的信息，无非有两种：一是隐真，二是示假。 隐真，就是通过隐蔽或秘密的策略行动，使博弈对手得不到关键的信息，以此来减少乃至消除博弈对手的威胁；示假，就是通过模糊的信息，使博弈对手做出错误的判断和决策。 这些虚虚实实的信息、出人意料的行动，让博弈对手看不见、看不懂，难以应对、不知应对，从而使博弈参与者掌控博弈局势。

信息的模糊存在高低之分，一种是低级的模糊信息，它全部由虚假信息构成，完全违背事实和逻辑；另一种是高级的模糊信息，它由真实信息和虚假信息同时构成。

我们对原始信息 I 进行模糊处理（譬如加密），可得到模糊信息 E。 当博弈对手获得模糊信息 E 之后，对原始信息 I 的理解程度是不会增加的。 也就是说，若博弈对手对原始信息 I 的理解程度原来是 21%，获得模糊信息 E 之后还是 21%。

信息模糊的原则，就是当博弈对手收到经模糊处理的信息后，无法降低任何不确定性。 譬如，我方一支部队要通知友军自己的行军路线，告知友军自己是从南边还是北边行军，以便于友军接应。 假定敌方原本对这件事的不确定性是 $H=1$ 比特（从南边行军和从北边行军的概率均为 50%），若截获了经模糊处理的信息后，其不确定性还是 $H=1$ 比特，那么信息模糊就成功了。 若截获了经模糊处理的信息后，敌方破译该模糊信息，得知了确定的行军路线，不再有不确定性了，即 $H = 0$ 比特，那么信息模糊就失败了。

战国时期孙膑使用的"添兵减灶"谋略，就充分体现了齐魏两军博弈的信息模糊。孙膑利用魏军理念中"齐国军队胆小懦弱"的常识做文章，一边减少军营中的火灶，一边增加军队数量，让齐军的军事实力超过魏军，然后以逸待劳进行伏击，最终齐军打败魏军，取得了战争的胜利。

要将原本有规律的信息变成看似毫无规律、随机分布的。这样，无论博弈对手怎么处理收到的模糊信息，获得的信息量都近乎为零。

博弈信息就是博弈参与者之间在信息传输之前已知的事物与信息传输之后才知道的事物之间的转变。博弈信息是否能够完全被掌握是博弈中的一个非常重要的因素。显然，博弈参与者猜测的成分越大，博弈的可行性和有效性就会越差。

在非合作博弈过程中，博弈参与者发送要模糊的信息，其策略（行动）要：

> ➤ 适当运用偶然性，防止博弈对手看透自己，避免在随机中有规律性，要虚虚实实，以便出人意料（隐真）；

> ➤ 不给博弈对手提供任何真实信息，让博弈对手对自己的猜测在得到信息前后不产生任何变化（示假）。

从人类历史的进程来看，模糊信息应用于战争领域最多。战火硝烟、权力斗争，出于信息安全的需求，背后都有模糊信息的发送。譬如，敌我双方的战场对峙中，若我方要发送"拂晓攻击"命令给战场的指挥官，可以用"弼马温"这个代码（模糊信息）来代替。当然，这是作战指挥部和战场指挥官事先商量好的代码，战场指挥官收到这个模糊信息后很清楚"弼马温"的具体含义以及要采取的攻击行动，但是，敌人即使截获到这个代码也是一头雾水，难以从中获得任何关于作战的信息。

若我们不想给博弈对手提供任何信息，最好的办法就是让博弈对手对自己

的猜测在得到有关信息的前后不产生任何变化。

为了防止意外发生，古代国王出行所乘的车、所住的房间都是随时变化的，这也是典型的模糊信息的发送。

在现实中，我们要善于运用偶然性，发送模糊的信息。譬如，乒乓球、羽毛球的落点，要避免有规律性，否则容易被扣杀；税务机关的检查，不要事先通知，随机性抽查效果才更好；我们做人应圆通，但不可圆滑。另外，我们保护自己隐私的一个很好的办法就是将自己的隐私信息隐藏在随机的噪声中，虚虚实实，"大隐隐于市"。

在非合作博弈过程中，博弈参与者发送要模糊的信息，其策略（行动）要：

> **适当运用偶然性，防止博弈对手看透自己，避免在随机中有规律性，虚虚实实以便出人意料（隐真）；**

> **不给博弈对手提供任何真实信息，让博弈对手对自己的猜测在得到信息前后不产生任何变化（示假）。**

随着时代的发展，现已从信息竞争到了信息对抗的时代。信息竞争的目标是**质量和效率**，越接近这组目标，就越能取得更好的竞争效果。而信息对抗的目标是**质量、效率和安全**，越接近或超过这组目标，就越能取得更好的对抗效果。

著名军事家克劳塞维茨认为军队的战斗力是由"可用武器装备之和"以及"军人意志的力量"这两个因素所决定的。而在信息对抗的时代，军队的战斗力还有第三个要素："信息对抗度"，即敌我双方对信息的掌握程度能否减少己方的不确定性，增大敌方的不确定性。

决定一场战争胜负的因素有很多，但在战场上，若能够及时获取敌方信息，就能增加己方的确定性，于激烈的战争对抗中提升己方的信息对抗度，这无疑会占据巨大优势。很多时候，往往一个重要而精准的信息就足以扭转整个战场的局势。

在第二次世界大战期间，参战各方都绞尽脑汁、千方百计地让自己的信息传输（通信）变得更加安全，同时又努力地破获敌方的情报，为此，参战各方都各出奇招，采取了许多稀奇古怪的办法。 譬如，美军为了避免战场通信被破译，曾经找了 500 名印第安土著纳瓦霍人作为战场上的通信员，这是因为纳瓦霍人的语言外界无人能听懂。 电影《风语者》讲述的就是这段历史故事。 然而，战场上远距离通话时，不可能在所有的指挥人员身边都安排这样的通信员。 为此，美军采取了在通话中加入干扰噪声等模糊信息措施，以确保信息传输的安全。

由于当时的技术还无法对语音通话进行加密，德军设立的大型监听站，能够窃听到美、英之间的谈话。 于是，为了解决好这个较难解决的通信安全问题，这项特殊任务就交给了美国的贝尔实验室——对外是严格保密的。

这项特殊任务所采用的信息技术，在今天看来是非常简单的，但是在当时却是一个创举。 其原理并不复杂，首先将语音进行数字化采样，过滤掉语音中的一些冗余信息，然后对采样的信息（声音振动的幅度）叠加一个密钥进行加密（模糊处理）。 加密后的语音在我们普通人听起来就和噪声差不多，即使敌方在电话线上装了窃听设备，截获了通话的语音信息，也听不懂具体内容。 而己方的接收者，因为知道密钥，就可以先将声音解密，然后再用机器将声音还原。 这样在听到的声音中就过滤掉了讲话人的口音、语气等很多辅助信息，只剩下十分简明、尚能辨别含义的语音了。 就当时的通信技术水平而言，美、英领导人之间的保密电话能够实现这一点已经非常了不起了。

在这个经典案例中，加密后的信息就是美军要传递的模糊信息，将可理解的语音信息变成了不可理解的语音信息，即使被德军截获，德军对语音内容的理解，在得到这些模糊信息前后也不会产生任何变化。

正是因为信息具有可伪性，它才能被我们人为地加工、模糊地处理。 三国时期，诸葛亮用空城计吓退了司马懿的 15 万大军也是同样的道理。 当时，诸葛亮可以选择的策略行动是"弃城"或"守城"。 无论是"弃"还是"守"，只要司马懿明确知道诸葛亮的实际境况，诸葛亮就会被其所擒。 可是问题的关键在于，诸葛亮利用空城计进行信息伪装，模糊信息的真实性，导致司马懿不知道自己和诸葛亮在不同行动策略下的实际情况，因而选择了撤退。

军队的战斗力＝可用武器装备之和×军人意志的力量×信息对抗度

数千年来，不管是君王还是将军，都需要一套高效、可靠、安全的信息传输模式来治理国家、指挥军队。 他们深知信息传输过程中，所传输的信息不能被对手获取，若让对手获得这些信息则会产生严重后果。 于是，他们对要传输的信息进行模糊处理，使得唯有指定的信息接收者才能读出其原意，否则就会损失巨大。

《解码宇宙：新信息科学看天地万物》开篇的第一个故事描述的就是太平洋战争的输赢与模糊信息的深刻关系。

"AF 缺淡水"这五个字导致日本舰队覆没，也预示着日本输掉整个太平洋战争。

1942 年春，美国军界为海军连吃败仗震惊不已。 为此，美军的密码专家准备使用像枪支弹药一样重要的武器——信息。

美军的密码专家准备破译日本海军使用的密码 JN - 25，但要想破译这种密码却极其不易。 厉害的是，到了 5 月，美军密码专家将这个密码的数学仓库全部开启，揭示了藏匿于其中的信息。

根据所截获和破译的情报，美军有一处代号为 AF 的基地很快就会成为日军一次重大海上袭击的目标。 美军密码专家分析，AF 是太平洋中的一个岛屿（很可能是中途岛），但并不很清楚日军究竟指的是哪一个岛屿。 假如猜测错误，美军就会防卫不必设防的岛屿，而日军就会顺利入侵真正的目标岛屿。 若能够准确搞清 AF 到底是哪一个岛屿，并且预知日军舰队的目的地，那么美军就可以集中舰队力量，给日军沉重一击。 于是，太平洋战争的胜负关键，都系于一条"下落不明"的信息：AF 在何处？

当时，驻夏威夷美国海军密码分析中心主任罗什福尔为取得这最后一条信息，提出了一项计划。他命令中途岛基地传送一个虚假模糊信息求助。传送的消息说，中途岛的淡水蒸馏系统发生了故障，基地几无淡水。监听中途岛无线传输系统的日本人听到了这一消息，而这也正是罗什福尔所期盼的。虚假模糊信息发出后不久，海军情报部门就收到日方电波发出的一个微弱信号"AF缺淡水"。于是罗什福尔拿到了他想要的最后一条信息："AF 是中途岛。"

美军舰队开始集结，以保卫中途岛。1942 年 6 月 4 日，日本山本五十六的舰队迎面撞上美军尼米兹的舰队，而尼米兹的舰队正在恭候日本舰队的光临。战斗中，日军的四艘航空母舰"飞龙号""苍龙号""赤城号""加贺号"被击沉，而美军仅损失一艘航空母舰。一败涂地的日本舰队狼狈回航。

中途岛之战日军落败，也预示着日本输掉整个太平洋战争。此战之后，日本再也没有能力对美国领土构成严重威胁。

在整个战争过程中，美军充分利用信息的可伪性，发出"中途岛的淡水蒸馏系统发生了故障"这条虚假模糊信息，反过来又从截获的日军情报中得到"AF 缺淡水"的信息（日军的情报对美军而言，就是透明的，而且是单向透明），经分析判断后锁定 AF 就是中途岛。

一条无价的信息，使日军的侵略目标从层层防护中显露出来，使美军取得太平洋海战的重大胜利。

战争是我们人类最残酷、最暴力而又充满智慧的博弈。有人总结分析说，现已发生的两次世界大战以及未来也许会发生的第三次世界大战，归根到底是科学家的战争。譬如，在第一次世界大战中，因芥子气、氯气等化学物质第一次被用作战争武器，因此这是化学家的战争；在第二次世界大战中，原子弹第一次作为武器用于战场，因此这是物理学家的战争。依此推理，可以说，未来若有第三次世界大战的话，那将是数学家的战争，这是因为数学家能够有效控制我们人类战争中下一个最重要的战争武器——信息。

接收所模糊的信息：基于非合作

信息，是我们这个世界运行所依赖的血液、食物和生命力，其核心价值就在于有序的流通和共享。

我们每个人不仅是信息的发送者，同时也是信息的接收者，只有与外界持续进行信息交换（有序的流通和共享），我们才能更好地生存与发展。

掌握信息较多者，可通过向信息较少者传递信息而获益；掌握信息较多者，往往处于较有利的地位；掌握信息较多者，最终将赢得竞争、对抗的胜利。

凡有决策，必有"模糊的信息"；我们之所以常常会做出错误的决策，很多时候是因为受"模糊的信息"影响。

博弈的输赢在很大程度上依赖于信息的准确度与多寡。 特别是在非合作博弈过程中，我们作为信息接收者可以通过接收所模糊的信息，利用交叉验证、最大熵原理等敏锐地判断出这些信息背后隐藏的更多、更深层次的信息，从而赢得非合作博弈的胜利。

在非合作博弈中，博弈参与者接收所模糊的信息时的策略（行动）是：

➢ 善用多维度信息进行交叉验证，发现"信息背后的信息"，部分或全部消除模糊信息的不确定性；

➢ 当模糊信息的不确定性难以消除时，风险管控的最有效原则就是最大熵原理。

在非合作博弈中，博弈参与者接收所模糊的信息后，很难消除所有不确定性。 解决这个问题最好的办法是善用其他维度的信息进行交叉验证（若这些维度的信息垂直正交则效果最好），部分或全部消除模糊信息的不确定性。 譬如，我们在学习初等数学时都会有这样的体会：在解方程时，我们要想复查一道题是否做对了，若仅仅是按自己原有的思路将解题的过程再核查一遍，往往就很难查出错误。 最有效的方法是把方程的解代回到原来的方程中，看看方程两边是否相等。

类似地，我们在推导公式时，若顺着原先的推导逻辑再复查，一般很难发现问题，最好的方法就是代入几个具体数据，看看前后是否一致。 若前后一致，则推导出现错误的概率就小。 这其实都是交叉验证。

交叉验证是我们每一个人都必须掌握的做事方法，它可以让我们面临的很多困难和问题迎刃而解。

学者王国维在我国史学界的地位极为崇高，他使用交叉验证的方式开创了我国历史研究的新时代。 在王国维之前，几乎所有的历史学者在研究历史时，均采用考据和集注的研究方法。 换句话说，历史学者是通过研究史料来还原历史，然后添加上自己的研究看法，而之后的历史学者再从之前的历史学者的注释中得到启发，继续研究再写上自己的注释。 这种研究方法是典型的从书本到书本。

追踪溯源，历史学者使用的信息源头可能是相同的，即使各自有独特的研究思想，但这些相同维度的信息也难以还原历史的全貌。 特别是，当历史学者使用的信息不准确时，还会存在以讹传讹。

学者王国维的治学方法则与众不同，他采用的是"二重证据法"——关键信息要有两个不同维度的来源。 也就是先通过考古来发现新的史实，然后用考古得到的信息与文献记载中的信息进行交叉验证，若从这两个不同维度的信息能得到相同的结论，则说明文献记载中的信息是可信的，否则就存疑再探究。

学者王国维创新性地采用"二重证据法"，其贡献是开拓性的。 王国维之后，历史学者们对我国历史的研究有了一个质的飞跃。

任何时候我们在使用信息时，都应该养成一个良好的习惯，并善于从多个维度进行交叉验证，甚至还应从反面考虑：假设这个信息不准确，我们该怎么处理、怎么应用？

曾有一位著名的投资人谈到，自己决定投资某某公司之前，除了认认真真做公司背景调查之外，还会做另一件事，那就是晚上 9 点之后开车到那家公司外面去转转，看看公司停车场停的车多不多、公司里面是否还有许多人在加班。这位投资人的做法，本质上就是从另一个维度对该公司所提供的信息进行交叉验证，从而更加全面彻底地了解该公司。

交叉验证，是我们每一个人都必须掌握的做事方法。我们在使用信息时，要善于从多个维度进行交叉验证，部分或全部消除模糊信息的不确定性。

在现实中，我们都知道大数据的巨大威力。譬如，当社交网络掌握了我们大量的个人数据之后，对我们的判断就会极为准确。若我们在社交网络上点赞 100 多次，它就可以给我们画像；若点赞 200 多次，它甚至可能比我们还了解自己。

社交网络的强大威力从哪里来？一是数据量大，二是掌握了有关我们的多维度信息，从多个维度对我们进行交叉验证。

"大数据"和"大量数据"在本质上是两回事，前者拥有多维度的信息，而后者可能只是数据的体量大，并不等于信息多。

机械运动时，为了获得最大的加速度，我们用力的方向要一致，而在利用多种信息消除不确定性时，当所采用的信息是正交的时候，效果最佳。

当两个或多个不同维度的信息正交时，它们的共同作用能够最大限度地降低信息熵、减少不确定性。

若两个或多个不同维度的信息是交叉的并且正交，那么重合面积就小，同时符合这种情况的信息就比较少，确定性就较强。若两个或多个不同维度的信息是交叉的却不正交，那么重合面积就大，同时符合这种情况的就比较多，确定性就较弱。也就是说，**交叉验证中最有效的信息组合是正交信息。**

战争是最典型的非合作博弈，利用正交信息进行交叉验证来部分或全部消除不确定性，这在战争中是常态。

在第二次世界大战中，著名科学家艾伦·图灵之所以能成功解析出德国（被认为是无敌的）恩尼格玛密码机的密码，就是因为他利用了德国人喜欢在早上六点钟发送一条天气预报的习惯。在早上六点钟所截获的电文开头中肯定包含 Wetter（天气）这个词，图灵正是充分利用这个正交信息，在截获电文中确定一条"Crib"（一段猜测出来的明文与密文中字母的一一对应关系）。

恩尼格玛密码机密码的破译，使得盟军截获的通过恩尼格玛密码机加密的模糊信息的不确定性全部消除，盟军得以击败德国用来扼住英国咽喉的 U 型潜艇，为在第二次世界大战中获胜奠定了基础。

现实中，我们经常会利用正交信息来部分或全部消除不确定性。譬如名片识别这类软件，它就很好地利用了正交信息来提高准确率。

名片识别，就是把纸质打印的名片扫描一下，储存成电子信息。印刷体的识别不是很困难，但对准确率的要求极高。

现在，大部分名片识别软件的识别率在 98% 左右，其实这已经很高了。但是，总有 2% 左右的错误发生，还是会让我们使用起来有点麻烦，有时需要手工更正。特别是，不仔细检查就直接存入通信录，会出现搞错电话、邮箱或地址的尴尬情形。刚开始，解决这个问题的思路比较单一，仅仅围绕提高图像的识别率来想办法，虽然各种办法都想了，但还是有些情况难以通过图像识别来很好地解决。

这个问题后来由一位大学教授采用大数据的方法很好地解决了，将名片识别的准确率提升到了 99.9%。具体办法就是把互联网上能找到的各个单位的信息找到，然后用那些公开的信息验证图像识别的结果。譬如，某个人的单位的总机电话是 82735858，即便名片上 2 和 5、3 和 8 印得不清楚，只要识别这家单位名称是正确的，再与之前在互联网上找到的信息进行比对，就可以纠正相关错误。通过图像扫描得到的信息和从互联网上找到的信息不仅属于不同的维度，而且彼此近乎正交，因此在进行名片识别时，使用这两种信息的效果就特别好。

用力时，要在同一个方向上；使用信息时，选用彼此垂直的正交信息，效果才更好。 本质上，这就是从不同的维度来分析事物背后的科学原理。

那么，如何使用正交信息进行交叉验证，部分或全部消除模糊信息的不确定性呢？ 这需要把握三个原则。

第一个原则，正交信息要来自不同的信息源，特别是最关键的信息至少要有两个不同的信息源。 通过图像扫描得到的信息和从互联网上找到的信息属于完全不同的来源。 类似的，我们年度体检时所做的血液检验和医学影像扫描这两种信息也属于不同的信息源，综合使用这些信息所带来的益处可以叠加。

第二个原则，使用正交信息时要避免相互嵌套、相互包含的信息。 因为相互嵌套、相互包含的信息即使来自不同的信息源、不完全相同，也可能存在一个覆盖了另一个，或者存在因相似性太高而使蕴含的信息量相对小的情况。

第三个原则，要善于从事物的多个不同维度获取正交信息。

《盲人摸象》的寓言故事就给我们很深刻的启迪。 类似的，给我们一个圆柱体，从前往后看则是个长方形，从上往下看则是一个圆。 若我们坚持只从一个维度看这个圆柱体，则永远也看不清楚它的全貌。

在非合作博弈过程中，博弈参与者接收所模糊的信息时的策略（行动）是：

➢ 善用多维度信息进行交叉验证，发现"信息背后的信息"，部分或全部消除模糊信息的不确定性；

➢ 当模糊信息的不确定性难以消除时，风险管控的最有效原则就是最大熵原理。

若无外力作用，任何事物都总是朝着最无序（混乱）的方向发展，并且任何事物都是约束和自由的统一体，总是在约束条件下争取最大的自由权，这是自然界的根本法则。

在已知条件下，熵最大的事物，最可能接近其真实状态。

经数学证明，对随机事件的所有相容的预测中，熵最大的预测出现的概率占绝对优势，其中正态分布、指数分布、伽马分布等，都是最大熵原理的特殊情况。

在非合作博弈中，博弈参与者接收所模糊的信息后，所模糊的信息的不确定性难以消除，这时风险管控的最有效原则就是最大熵原理。

最大熵原理的基本含义：当我们需要对一个随机事件的概率分布进行预测时，我们的预测应当满足全部的已知条件，而对未知的情况不做任何主观假设，把未知的情况当成等概率分布处理。

假设我们投掷一个骰子（正立方体，相对两面的数字之和为 7），那么每一个面朝上的概率是多少？

对于这个骰子，我们并不知道它到底是均匀的还是不均匀的，我们唯一知道的条件是 1～6 点面朝上出现的总概率之和总是等于 1 的。

我们把这个已知的条件称为"约束条件"。除了这个约束条件外，我们对该骰子一无所知，因此不能有任何主观假设。最符合现实的假设就是这个骰子是个均匀的骰子，猜每一个面朝上的概率是 1/6（等概率分布）就可以了。

继续假设，若告诉我们这是一个做过手脚的骰子，统计可知 3 点面朝上的概率为 3/5，而 4 点面朝上的概率近乎为零。我们就得到了部分信息，所以再次预测时，我们要先保证预测符合已知的信息，即 3 点和它所对应的 4 点面朝上的概率应该分别是 3/5 和 0。

对于未知，我们依然不能做任何的主观假设，于是我们在 1、2、5、6 点四个面朝上的概率上，平均分配剩下的 2/5 概率，猜测其他四个面朝上的概率为 1/10 就可以了。

当我们需要对一个随机事件的概率分布进行预测时，我们的预测应当满足全部已知的条件，而对未知的情况不做任何主观假设，把未知的情况当成等概率分布处理，这就是最大熵原理的基本含义。

最大熵原理的问题表述为：设有某离散随机变量 X，其概率分布 $p(x)$ 未知，已知其与若干函数的期望如下，求最佳概率估计 $\hat{p}(x)$。

$$\sum_{x \in X} p(x) f_m(x) m = 1, 2, \cdots, M$$

按照最大熵原理来求解最佳概率估计 $\hat{p}(x)$，则可以表述成这样的一个约束优化问题：

（1）取概率分布的熵为目标函数 $H(X) = -\sum_{x \in X} p(x) \log p(x)$

（2）求在约束条件

$$\sum_{x \in X} p(x) = 1$$

$$\sum_{x \in X} p(x) f_m(x) m = 1, 2, \cdots, M$$

下的解

$$\hat{p}(x) = \arg \max_{p(x)} H(X)$$

则满足其约束条件使熵达到最大值的概率分布为：

$$\hat{p}(x) = \exp \left[-\lambda_0 - \sum_{m=1}^{M} \lambda_m f_m(x) \right]$$

在连续随机变量的条件下，最大熵原理依然成立，以微分熵代替，则满足其约束条件且使微分熵达到最大值的概率分布为：

$$\hat{p}(x) = \exp \left[\lambda_0 + \sum_{m=1}^{M} \lambda_m f_m(x) \right]$$

最大熵原理的本质就是对于未知信息的等概率处理。

最大熵原理的本质：

➤ **满足已知的约束条件；**

➤ **不做任何未知假设，平均分配剩下的概率。**

按照最大熵原理，我们构建的概率模型会使得熵达到最大值，因此这种模型被称为"最大熵模型"。换句话说，最大熵模型就是以最大熵原理为基础，从符合条件的分布中选择熵最大的那个分布作为最优的分布。最大熵模型的

优势在于：

一是最大熵模型和我们所有已知的信息相符合；这是由于最大熵模型就是我们用已知信息构建起来的。

二是最大熵模型最光滑，考虑得最周全，不会遇到黑天鹅事件；这是由于我们在构建模型时，对于未知的信息没有作任何的主观猜测，保证了最大熵模型能覆盖所有的可能性，不存在遗漏。

我们常说"不要把所有的鸡蛋都放在同一个篮子里"，其实就是最大熵原理的一个通俗说法。当我们遇到不确定性时，就要保留各种可能性，而不要随便做主观假设。

三是最大熵模型用数学推理的办法解决了两难境地问题。很多时候，我们之所以难以决策，就是因为我们所获得的信息相互矛盾。最大熵模型若无法同时满足两个相互矛盾的先决条件，就会自动地在这两个条件中找到一个中间点（兼顾），保证信息的损失量最小。

最大熵模型不仅在形式上是较完美的统计模型，而且在效果上也是较好、较安全的统计模型。

"凡事有一利就有一弊"，最大熵模型最明显的弊端就是计算量太大。因此，直到21世纪之后，随着计算机能力的提升以及算法的改进，才开始使用最大熵模型来解决许多复杂问题。

在非合作博弈过程中，我们在接收到所模糊的信息后，如何应用最大熵原理做好风险管控、更好地交互决策呢？这同样需要把握三个原则。

第一个原则：若我们能成功解析非合作模糊信息，全部消除不确定性，则不需要用最大熵模型来进行预测分析。

第二个原则：若我们难以解析非合作模糊信息，无法消除或只是部分消除不确定性，对于这些还存在的不确定性，在没有得到未知信息之前，不要作任何主观假设，而只进行等概率处理。也就是说，面对不确定性信息，有效决策就是我们先计算出各种选项的概率，然后再做决策，而决策的成功与否有赖于我们能否规避影响决策的各种主观假设。

第三个原则：按照最大熵原理，只要存在不确定性，我们就遵循"不要把所有的鸡蛋都放在同一个篮子里"的原则，让凡事都变得"平滑"些，这样做的风险最小。

优秀的博弈参与者都是善于控制风险的。 博弈过程中我们接收到非合作的模糊信息后，在没有掌握事物的全部信息之前，要坚决杜绝对还存在的不确定性的主观假设。 只有保留最大的不确定性，风险管控的成本才最低，博弈收益才最大。

后记："将之五德"方程式

生命是由一连串的二元决策所组成的，而决策就是获取、处理和利用信息，然后做出判断选择的过程。决策造就人生，选择使生命更有意义，**"选择容易模式，我们的人生会越来越困难；选择困难模式，我们的人生会越来越容易。"**

决策是我们生活和工作的基石，决策的水平高低直接影响、决定着我们的生命质量。我们今天所达到的高度，取决于我们之前的决策；我们未来想要有所成就，就需要现在做出科学而正确的决策。

之所以撰写《信息、思维与博弈》这本书，是为了更深层次地从信息的维度来理解博弈，让我们更科学地互动决策，提升互动决策能力，在参与的博弈中获胜，实现博弈收益最大化，提高我们的生命质量，让我们生活得更美好更幸福。

全书的内容来源于著者的授课课程，历经 7 年的打磨沉淀、反馈调整、迭代完善，终成此书。但是，最后应该写一篇什么样的有分量的后记呢？思来想去，没有更新的、更好的创意，就把我之前写的与领导决策相关的《"将之五德"方程式》这篇短文稍加完善后作为本书的后记了，以增强其厚重感。

《孙子兵法》是我国传统思想的瑰宝，它虽是一本只有 6000 多字的薄书，但却是有史以来最伟大的兵学经典和军事教科书，也是最好的决策教科书。它所教的是如何治军、如何用兵，以及为"将"所必备的一切知识，换言之，就是"将"道的精华。

"兵者，国之大事，死生之地，存亡之道，不可不察也。故经之以五（事），校之以计，而索其情：一曰道，二曰天，三曰地，四曰将，五曰法。"

谋划战争问题，必须冷彻非情，彻头彻尾地冷静思考，精密地计算、筹划、分析和评估，最后决策行动。

"经之以五（事）"就是以国力的评估为起点，对影响战争胜负的因素作必要的分类，即"道、天、地、将、法"，坚持先量度后决策的原则，对每一种基本因素进行定性、定量评估。对这五种基本因素，兵圣孙子最重视的是"道"与"将"，其次为"法"，对于"天、地"则认为可合并评估，"天、地"即现在说的战场环境，这是外在的和客观的。

兵圣孙子认为"将"是战争胜负的决定因素，整个战争都受其支配，因此对于"将"的选拔就不可不慎了。兵圣孙子列举了"将者，智、信、仁、勇、严也"，以五德来作为评估"将"的标准，这五德均为必要条件，缺一不可。这五德的排列顺序也颇有深意，"智"列为第一位，而"勇"屈居第四位，这表明孙子充分理解战争的本质就是斗智，其思想与文圣孔子非常接近——不仅对于"智、仁、勇"的排列顺序完全一样，而且对于战争也始终采取重战、慎战、善战的态度。

战争不是个人的行动，而是一种有组织的集体行动；故先能"治军"，方能"用兵"。**"用兵"就是科学、灵活运用策略，充分利用和发挥我方优势，尽可能剥夺和破坏敌方优势的博弈过程。**

善用兵者，"智、勇"兼备；善治军者，"信、仁、严"三者俱全。"将"是必须既善用兵又善治军的，就像现在的组织领导，平时善于管理部属，战时善于排兵布阵、攻坚克难。

伟大革命导师恩格斯指出"一个事物只有可以用数学的方法加以描述时，人们对它的认识才是深刻的"。著名科学家伽利略也曾说过："科学事实通常只有通过数学方式才能揭示，数学就仿佛是上帝的语言。"这里，基于充满不确定性和激烈竞争对抗的战争博弈，给出"将之五德"方程式，以便更深刻地揭示优秀将领的本质特性。

$$将 = （智 + 勇） \times （信 + 仁 + 严）$$

这个方程式为"用兵"力量和"治军"力量的乘积，兼顾了有形因素和无形因素。要想在信息时代做一个能打仗、打胜仗的优秀将领，必须对"将之五德"方程式有深刻的理解，并践行之。

信息时代的最显著特征是不确定性。战争更是充满了不确定性，如何应对不确定性？知识、智慧是不确定性的解，可利用"知"和"智"来消除不确定性。

"知"指我们从各个途径获得的经过提炼、总结与归纳后所理解的信息。"知"是"智"的基础；"智"是一种抽象的境界，具体表达为"知"。"好学近乎智"，好学是求知的必要途径，但知识的积累不等于智慧，好学只能近乎"智"、无限接近"智"，"智"是"知"的极限。孙子对"智"高度重视和崇尚，把"智"列为五德之首。"智将"是有智慧、有才能、善于用兵的，面对瞬息万变的战争局势，既有先见之明和洞察力，能透过复杂问题的表象，抓住本质和核心，又能多谋善虑，善于产生、获取、传输、处理和利用战场上的信息，审时度势、随机应变地调整自己的策略行动，高效高质解决所面对的困境问题，赢得战争的胜利。

文武二圣孔子和孙子都很重视"智"，将"智"列为"将之五德"的第一德。孔子说："智者不惑，仁者不忧，勇者不惧。"这是对把"智"列为第一德的最佳解答。"不惑"者，对所面对的问题有清晰彻底的了解，对所遭遇的困难有全面精准的应对，没有任何疑惑、困难，一切皆在掌控中，也就没有必要忧、惧了。"智"实为仁、勇的先决条件，"智"者知道自己的能力水平，承认事情的不确定性，遇事不盲目下结论，能跳出自身审视问题，理解他人的想法和立场。"智"者不仅能仁，而且也必有勇，尤其是充满不确定性的战争，本质就是斗智斗勇，若缺乏智慧计谋，就会存在"将"连自己看到的、听到的是什么都不能很好地理解，却还自以为胸有丘壑的情况，这往往导致"将"逞匹夫之勇，从而很少有不败、不亡的；但也要避免对战争要素、利害做过分慎重的计算，而不敢涉险犯难，临难苟免。

《孙子兵法》中有许多关于在战争中克敌制胜的理念，譬如"以奇胜""上兵伐谋""致人而不致于人"等，其实质都源于"将"的"智"。著名军事家克劳塞维茨与此所见略同，也说"战争是一种不确定性的境界……所以需要敏感和明辨的判断力，即一种能嗅出真相的巧妙智力"。战争、竞争的本质就是敌我双方智慧的较量，战争总是以智者胜，现实中的各种竞争、对抗同样也是"智"的较量。红军在长征途中四渡赤水，伟大领袖毛泽东充分利用战场局势信息，因敌而变，灵活决策，快速运动，调动牵引敌人，使 3 万多红军摆脱了敌方 40 万大军的围追堵截，脱离了困境，创造了智者胜的典范。

兵圣孙子说"军争为利，军争为危"，战争中机会与危险是并存的。著名军事家克劳塞维茨认为，真正的领导者须具备两大要件：第一是在最黑暗的时刻发现微光的能力；第二是敢于跟随这线微光前进的勇气。

"勇"在战争中是决定胜负的关键要素之一，有勇气方能利用机会、敢于决策行动。没有对机会的利用、对行动的偏好，想要取得战争的胜利就只是一句空话。"狭路相逢勇者胜"，但克服战争的不确定性从而赢得战争必须有"智"。真正的"勇"不是无所畏惧、不知道害怕，而是面对恐惧能果断前行，"勇"要以智谋为基础，而不是盲目地蛮干，有勇无谋往往会破坏有利战局；若每战都以必死自誓，不惜冒不必要的危险，则很可能自投罗网、为敌所杀。"将"要善于用兵，必须"智"与"勇"交相为用，如此方能相得益彰、用兵如神。

除"智、勇"两德以外，兵圣孙子对于"将"的认定还包括"信、仁、严"三德，这三德都与治军有关。治军就是训练军队、治理军政等；若不能治，则"虽有百万何益？""将"不仅在平时（战前）要负责战争的计划和准备（准备打仗），在战时（打仗）更要负责军队的指挥和管制。有了作风优良的部队，才有打胜仗的可能，否则徒有"智、勇"也无用。

"将"要善于治军，则必须具备"信、仁、严"三德，而"信"尤其重要，是安定军心的关键。"民无信不立"，在任何国家、军队或组织中，若其成员之间互相信任，把打胜仗作为一种信仰，则任何事情都有可能完成，任何目标都有可能实现；若其成员之间没有上下互信（共信），则组织就很难维持其存在。综观古今中外，凡失信于民者，没有一个能够赢得民心的。"信"是"将"的一种非常重要的能力素质，直接关乎"将"的信誉和威望，以及兑现承诺的能力和诚意。信守承诺，说到做到，是"将"获得部下信赖、团队信任的基本要素，但也要避免因过度守信而行动急躁，缺乏深度分析、冷静思考，导致易受敌方刺激，进而自乱进攻、防守节奏和步伐。若"将"自身没有信仰，言而无信，没有把自己的价值观与部队的价值观相融合，则难以建立起部队上上下下的共信，难以维持部队的凝聚力、战斗力。兵圣孙子把"信"列为第二德，仅次于"智"，可见"信"的重要性。

兵圣孙子列举的第三德是"仁"。"仁"是爱，是凝聚部队的核心要点。兵圣孙子说："视卒如婴儿，故可与之赴深溪；视卒如爱子，故可与之俱死。""将"对其部队不能仅凭严刑峻法，而必须像对子弟一样对部下——关心、爱护、尊重他们，充分发挥他们的长处，使大家心往一处想、劲往一处使。身为"将"必须做到**"进不求名，退不避罪，唯人是保"。**

毕竟，部队是肩负战斗任务的组织，与其他任何组织都不一样，它关乎"国之大事，死生之地，存亡之道"。部队必须有严明的纪律，必须信赏必罚、赏罚分明。治军用兵，"将"必须有极强的原则性，一就是一，二就是二，不可仁爱过度，不可含混不清，否则就会给部队带来误导，进而引发混乱、贻误战机。

"严"是保证部队同频共振、步调一致的必要条件，也是最后一德。"法令孰行""兵众孰强""士卒孰练""赏罚孰明"都无一不与"严"有密切关系。"严"就是认真彻底，部队的所有事物都必须零缺点、无漏洞，这才是"严"的真意，也就是说"严"并非仅限于严刑峻法，"严"还在于"将"对自身的严格要求，"将"必须率先垂范、严于律己，因为只有在严格自律的前提下，才能更好地严格要求部下，也才能更好地树立"将"的威信与形象。但凡事不能过度，要把握好分寸，若过分持己以严，则可能存在因过于重细节而误军机大事的危险。

将之五德"智、信、仁、勇、严"在排序上虽有先后，但其重要性并无太多的差异，而且彼此依赖，五位一体。**"将之五德"方程式阐明了"将"只有兼备了五德方能做到治军（准备打仗）有方、用兵（打仗）如神。**

"将之五德"方程式的理念，对信息时代各类型领导掌握将道精华，全面提升"治军、用兵"的能力素质，更好地管理部下、攻坚克难有借鉴指导价值。同样，这个方程式的理念也适用于我们每一个人，我们只有具备足够的博弈意识，改变参与的博弈，才能赢得博弈的胜利。

上面这篇短文是我在重读《孙子兵法》时因有感于其中的"将者，智、信、仁、勇、严也""进不求名，退不避罪，唯人是保""嗜欲浅者兵机深"等精粹思想而写下的。它以数学思维的模式深度剖析了"将之五德"，创新性地提出了"将之五德"方程式，希望能使我们对自身的领导力、决策力有更深刻的认知和理解，在提出问题中成长、在分析问题中成熟、在解决问题中成功。

我们人生成功的关键不是抓到一副好牌，而是如何打好手中的一副坏牌。我们把坏牌打好的方法主要有三个：

➢ 沉稳不乱，把坏牌重组；

➢ 乱中取胜，等对手出错；

➢ 牌技精湛，会换位思考。

博弈的胜负往往取决于我们和博弈对手谁犯的错误更少。一旦博弈对手犯错了，我们的机会就来了。

感谢共度这段美好而有益的心流之旅。

朱诗兵

2023 年 3 月

参考文献

[1] 马克·布尔金. 信息论——本质·多样性·统一 [M]. 王恒君, 稽立安, 王宏勇, 译. 北京: 知识产权出版社, 2015.

[2] 曲炜, 朱诗兵. 信息论基础及应用 [M]. 北京: 清华大学出版社, 2005.

[3] 吴军. 信息传 [M]. 北京: 中信出版社, 2020.

[4] 周锚. 信息论思维: 互联网时代的生存法则 [M]. 北京: 中国发展出版社, 2014.

[5] 詹姆斯·格雷克. 信息简史 [M]. 高博, 译. 北京: 人民邮电出版社, 2013.

[6] 王越, 罗森林. 信息系统与安全对抗理论 [M]. 北京: 北京理工大学出版社, 2006.

[7] 金观涛, 华国凡. 控制论与科学方法论 [M]. 北京: 新星出版社, 2005.

[8] 查尔斯·塞费. 解码宇宙: 新信息科学看天地万物 [M]. 隋竹梅, 译. 上海: 上海科技教育出版社, 2015.

[9] 张维迎. 博弈与社会 [M]. 北京: 北京大学出版社, 2013.

[10] 王珞. 升维——不确定时代的决策博弈 [M]. 北京: 机械工业出版社, 2022.

[11] 兰·费雪. 博弈与生活 [M]. 林俊宏, 译. 北京: 中信出版社, 2021.

[12] 王则柯, 李杰, 欧瑞秋, 等. 博弈论教程 [M]. 北京: 中国人民大学出版社, 2021.

[13] 川西谕. 博弈——所有问题都是一场赛局 [M]. 田中景, 译. 杭州: 浙江人民出版社, 2020.

[14] Y·内拉哈里. 博弈论与机制设计 [M]. 曹乾, 译. 北京: 中国人民大学出版社, 2017.

[15] 戴维·麦克亚当斯. 博弈思考法 [M]. 杨珮艺, 唐源澥, 译. 北京: 中信出版社, 2016.

[16] 阿维纳什. K. 迪克西特. 策略思维 [M]. 尔山, 译. 北京: 中国人民大学出版社, 2013.

[17] 常金华, 陈梅. 博弈论通识十八讲 [M]. 北京: 北京大学出版社, 2018.

[18] 蒲勇健. 应用博弈论 [M]. 重庆: 重庆大学出版社, 2014.

[19] 蒋文华. 用博弈的思维看世界 [M]. 杭州: 浙江大学出版社, 2014.

[20] 南旭光. 博弈与决策 [M]. 北京: 外语教学与研究出版社, 2012.

[21] 彼得·霍林斯. 思维模型 [M]. 池明烨, 译. 北京: 中国青年出版社, 2022.

[22] 迈克尔·刘易斯. 思维的发现 [M]. 钟莉婷, 译. 北京: 中信出版社, 2021.

[23] 斯科特·佩奇. 模型思维 [M]. 贾拥民, 译. 杭州: 浙江人民出版社, 2019.

[24] 伦纳德·蒙洛迪诺. 思维简史 [M]. 龚瑞, 译. 北京: 中信出版社, 2018.

[25] 约翰·杜威. 我们如何思维 [M]. 伍中友, 译. 北京: 新华出版社, 2015.

[26] 理查德·德威特. 世界观: 现代人必须要懂的科学哲学和科学史 [M]. 孙天, 译. 北京: 机械工业出版社, 2018.

[27] 胡晓峰. 战争科学论: 认识和理解战争的科学基础与思维方法 [M]. 北京: 科学出版社, 2018.

[28] 杨义先, 钮心忻. 通信简史 [M]. 北京: 人民邮电出版社, 2020.

[29] 瑞·达利欧. 原则 [M]. 刘波, 綦相, 译. 北京: 中信出版社, 2018.

[30] 李善友. 第一性原理 [M]. 北京: 人民邮电出版社, 2021.

[31] 刘嘉. 刘嘉概率论通识讲义 [M]. 北京: 新星出版社, 2021.

[32] 克里斯·韦林. 方程式之美 [M]. 徐彬, 黄芳, 译. 北京: 化学工业出版社, 2021.

［33］宫玉振. 善战者说——孙子兵法与取胜法则十二讲［M］. 北京：中信出版社，2020.

［34］彼得·考夫曼. 穷查理宝典：查理·芒格智慧箴言录［M］. 李继宏，译. 北京：中信出版社，2017.

［35］李书文. 熵：一种新的创业方法论［M］. 北京：中国民主法制出版社，2017.

［36］乔治·吉尔德. 知识与权力——信息如何影响决策及财富创造［M］. 蒋宗强，译. 北京：中信出版社，2015.

［37］陈建先. 现代领导博弈思维［M］. 北京：国家行政学院出版社，2013.

［38］詹姆斯·卡斯. 有限与无限的游戏：一个哲学家眼中的竞技世界［M］. 马小悟，译. 北京：电子工业出版社，2019.